ABITUR-WISSEN
Religion

Jesus Christus

Julia Rüttgers

STARK

www.stark-verlag.de
1. Auflage 2000

Inhalt

Vorwort

Liebe Schülerinnen und Schüler,

kaum eine historische Persönlichkeit hat eine solche Wirkungsgeschichte wie Jesus Christus. In Deutschland können wir auf eine über tausend Jahre alte christliche Tradition zurückblicken, deshalb können die meisten Menschen etwas mit dem Namen „Jesus" anfangen, doch nur wenige wissen Genaueres über ihn.

Seit über 200 Jahren versucht die biblische Wissenschaft, das Leben und die Botschaft Jesu mit modernen wissenschaftlichen Methoden zu erforschen. Dabei wechselten sich Optimismus und Ernüchterung ab. Wie in vielen anderen Forschungsbereichen gibt es auch keine endgültigen Ergebnisse über Jesus Christus. Dieses Buch will daher den **augenblicklichen Wissensstand** zum Leben und Wirken Jesu vermitteln.

Die **Kapitel** sind so abgefasst, dass Sie sie **unabhängig voneinander** lesen können. Wer sich also nur für ein bestimmtes Thema interessiert, kann dort gleich anfangen.

Das Buch beginnt mit einem Überblick über die wissenschaftlichen Grundfragen und Grundlagen für die Erforschung des Lebens Jesu: Woher stammt unser Wissen über Jesus? Welche Fakten seines Lebens sind gesichert, und können wir Glauben und Wissen überhaupt trennen?

Es folgt ein Überblick über die Zeit, in der Jesus gelebt hat, über politische Zusammenhänge, gesellschaftliche Gruppen und die Religion.

Danach stehen die Kapitel über die Verkündigung Jesu, sein Sterben und die Auferstehung. Am Ende werden Interpretationen der Person Jesu vorgestellt, angefangen mit den frühen Christen bis hin zur Gegenwart.

Das **Stichwortverzeichnis** am Ende des Buches erleichtert die Orientierung; **Literaturhinweise** sollen denjenigen Lesern die Vertiefung in die Thematik erleichtern, die mehr über eine spezielle Frage wissen möchten.

Dieses Buch möchte Ihnen nicht nur Wissen vermitteln, sondern Sie darüber hinaus zur eigenen Auseinandersetzung mit der Person Jesu Christi anregen.

Julia Rüttgers

Jesus von Nazareth

1 Geschichtsforschung und Jesusbild

Das erste Kapitel dieses Buches über „Jesus Christus" lautet „Jesus von Nazareth". Der Titel „Christus" und der Beiname „von Nazareth" stehen für zwei unterschiedliche Zugänge zur Person Jesu.

Die Bezeichnung „**Christus**" (von griech. *christos:* gesalbt) steht für eine religiöse Einsicht, einen **Glaubensinhalt**. Jesus Christus ist der von Gott Gesalbte, der Messias (von aramäisch *meshiḥa:* der Gesalbte), von dem die christlichen Glaubensbekenntnisse sprechen. „Jesus, der Christus" bezeichnet mehr als die normale irdische Existenz: In ihm verbinden sich Himmel und Erde.

Wer dagegen von **Jesus von Nazareth** spricht, nimmt eine andere Perspektive ein. Nazareth steht für den Herkunftsort Jesu, der bekannt ist und dessen Geschichte von Archäologen erforscht wird. Mit „Jesus von Nazareth" ist daher der **historisch greifbare Mensch** Jesus gemeint, der vor etwa zweitausend Jahren lebte und starb. Im Mittelpunkt des Interesses steht die Frage, was wir historisch gesichert über diesen Menschen *wissen* können.

1.1 Die historische Bibelkritik: Auf der Suche nach dem historischen Jesus

Bis etwa zum 18. Jahrhundert wurde die **Historizität** (von griech. *historia:* Geschichte, geschichtliche Wahrheit) biblischer Geschichten von Christen nicht angezweifelt. Doch im Laufe der Aufklärung (18. Jahrhundert) gerieten die biblischen Texte mehr und mehr in den Verdacht, nicht allein auf geschichtlichen Tatsachen zu beruhen, sondern weitgehend auf dem Glauben ihrer Verfasser. Seither ist die Bibel Gegenstand wissenschaftlicher Forschung.

In den Naturwissenschaften wird seit dem 18. Jahrhundert mit der experimentellen Methode geforscht. Kontrollierte Experimente, die für jedermann jederzeit nachvollziehbar sind, sorgen für eine **objektive Grundlage** des Wissens. Eine solche experimentell objektivierbare Grundlage fehlt geschichtlichen Ereignissen, weil sie **einmalig** sind. Historische Situationen lassen sich nicht detailgetreu wiederholen. Es ist auch nicht möglich, Voraussagen zu machen.

Die Geschichtswissenschaft bemüht sich dennoch um Objektivität, indem sie bei der Untersuchung ihrer Quellen Fakten von Interpretationen zu unterscheiden versucht.

Die **historische Bibelkritik**, die seit dem 19. Jahrhundert betrieben wird, brachte der Bibel – wie ihr Name schon sagt – eine solche kritische Haltung entgegen. Sie ging davon aus, dass die biblischen Geschichten aus einer Mischung historisch korrekter Fakten und späterer Ergänzungen bestehen. Solche Ergänzungen und Veränderungen der ursprünglichen Überlieferung lassen sich leicht erklären: Mündlich Überliefertes unterliegt oft der erzählerischen Freiheit, die urchristlichen Gemeinden schmückten die Geschichten aus oder Prediger passten Geschichten von Jesus ihrer jeweiligen Situation an. Die historische Bibelkritik machte es sich zur Aufgabe, historisch „objektive" Fakten von solchen Ergänzungen zu trennen.

Darstellung Jesu, Ikone 6. Jh.

Dahinter steht die Hoffnung, dass wir eine objektive, über jeden Zweifel erhabene Grundlage unseres Wissens über Jesus von Nazareth erhalten könnten. Ein echtes Jesuswort, die *„ipsissima vox Jesu"* (lat. „die ureigenste Stimme Jesu") überzeugt viel mehr als eine bloße Gemeindetradition! Diese Überlegung entspricht deutlich unserer modernen Neigung, nur das objektiv Messbare für wahr zu halten.

1.2 Kriterien zur Historizität biblischer Texte

Das Kriterium der Mehrfachbezeugung

Das wichtigste **formale Kriterium** für die Historizität einer Überlieferung ist die Mehrfachbezeugung. Wird eine Tradition (d. h. eine Geschichte oder ein Ausspruch) durch **verschiedene,** voneinander **unabhängige Quellen** bezeugt, so wird von ihrer Historizität ausgegangen. Ein Beispiel hierfür ist Jesu Rede vom „Reich Gottes". Sie findet sich in allen Evangelien und wird innerhalb verschiedener Gattungen (Gleichnisse, Mahnworte, Seligpreisungen, Passionsgeschichte) erwähnt. Es gilt daher als gesichert, dass der historische Jesus vom Reich Gottes sprach.

Das Differenzkriterium

Das wichtigste **inhaltliche Kriterium** für Historizität war lange Zeit das sogenannte Differenzkriterium (von lat. *differe:* sich unterscheiden). Es folgt der Überlegung, dass mit Jesus von Nazareth eine neue Religion entstand und Jesus daher im Gegensatz zu anderen jüdischen Predigern etwas völlig Neues vermittelt haben müsse. Historisch im Sinne des Differenzkriteriums sind die Traditionen, die weder aus dem Judentum ableitbar sind noch der späteren urchristlichen Gemeindesituation entspringen. Es wird also nach dem gesucht, was Jesus sowohl von seinen jüdischen Vorgängern als auch von seinen christlichen Anhängern unterscheidet.

Das Differenzkriterium ist allerdings zunehmend in die Kritik geraten. Nach der Entdeckung jüdischer Schriftrollen aus der Zeit der ersten Jahrhunderte vor und nach Christus in Qumran erkannte die Forschung, dass das Judentum zur Zeit Jesu vielschichtiger und in sich gegensätzlicher war als zuvor angenommen. Viele Traditionen, die früher für Neuerungen Jesu gehalten wurden (z. B. die Anrede Gottes mit *„Abba"* – aramäisch: Vater), erweisen sich heute als jüdische Traditionen. Daneben gibt es eine Reihe weiterer Einwände:

- Das Neue Testament legt nicht zwingend nahe, dass Jesus tatsächlich eine neue Religion gründen wollte.
- Übereinstimmungen Jesu mit seiner Zeit können nicht berücksichtigt werden.
- Über den Aufbau und die Situation der urchristlichen Gemeinden (vor allem vor 50 v. Chr.) ist sehr wenig bekannt. Es ist daher in vielen Fällen nicht möglich, wirklich zuverlässig zu entscheiden, ob ein Jesuswort auf Jesus selbst oder die spätere Gemeinde zurückzuführen ist.

Die heutige Forschung geht davon aus, dass historische Ereignisse, auch wenn sie zu etwas Neuem führen, immer auch ein Produkt ihrer Zeit sind und daher nicht aus diesem Kontext gerissen werden dürfen. Eine saubere Trennung zwischen „Echtem" und „Unechtem" ist nicht möglich, deshalb wurde die Suche nach der *„ipsissima vox Jesu"* aufgegeben.

Die Forschung versucht nun festzustellen, inwieweit die Überlieferungen zur Person Jesu historisch plausibel sind. Dabei werden die geistesgeschichtlichen Strömungen seiner Zeit genauso berücksichtigt wie die politischen und sozialen Verhältnisse.[1]

1 Vgl. Gerd Theißen / Annette Merz: Der historische Jesus, Vandenhoeck & Ruprecht: Göttingen ²1997, S. 116–120.

Das historische Plausibilitätskriterium

Umfassender als das Differenzkriterium ist das historische Plausibilitätskriterium, das Überlieferungen als historisch ansieht, die sowohl das individuell Einzigartige der Persönlichkeit Jesu widerspiegeln als auch das, was innerhalb des jüdischen Kontextes der Zeit Jesu möglich und denkbar ist.

Wissenschaftlich betrachtet ist der Wunsch des modernen Menschen, die Grundlagen des Glaubens durch objektive historische Ereignisse bestätigt zu sehen, unerfüllbar, sowohl bei Jesus von Nazareth als auch bei anderen Personen und Ereignissen. Diese Einsicht kann aber nur dann enttäuschen, wenn man „Historizität" mit „Wahrheit" gleichsetzt. Wer nur die objektiven Lebensdaten eines Menschen kennt, weiß noch nichts über seine Persönlichkeit. Wer einen besonderen Menschen beschreiben will, merkt schnell, dass es mit bloßen Fakten nicht getan ist. Eigene Interpretationen, Ideen und Vergleiche kommen hinzu, Erinnerungen verschmelzen ineinander – das ist vielleicht nicht mehr objektiv, kommt aber dem Menschen in Wahrheit näher als alles Faktische.

Es kann also nicht mehr darum gehen, „Jesus Christus" und „Jesus von Nazareth" säuberlich zu trennen. Vielmehr sollten die zwei Aspekte „Glauben" und „Geschichte" als sich ergänzende Zugangsweisen zu Jesus verstanden werden.

Zusammenfassung: Geschichtsforschung und Jesusbild

Der Name **„Jesus von Nazareth"** steht für den historisch erforschbaren Menschen.
Der Name **„Jesus Christus"** steht für den auferstandenen Sohn Gottes.

Die **Frage nach dem „historischen Jesus"** entstand erst im Zuge der Aufklärung.
Die **historische Bibelkritik** versuchte anhand des Kriteriums der Mehrfachüberlieferung und des Differenzkriteriums, die *„ipsissima vox Jesu"* zu finden.
An die Stelle des Differenzkriteriums tritt in der modernen Wissenschaft das umfassendere **historische Plausibilitätskriterium:** Der historische Jesus wird heute im Kontext seiner Zeit gesucht und gedeutet.

2 Die Quellenlage

Unser Wissen über das Leben Jesu beruht auf dem, was im Laufe der Jahrhunderte über ihn überliefert wurde. Solche Überlieferungen nennt man in der Geschichtswissenschaft **Quellen**. Grundsätzlich wird zunächst zwischen **literarischen Quellen**, also überlieferten Texten, und **nicht literarischen Quellen** (archäologische Sachfunde wie Siedlungen, Monumente und Gebrauchsgegenstände) unterschieden. Die literarischen Quellen zu Jesus lassen sich in christliche und nicht christliche Quellen unterteilen.

2.1 Christliche Quellen

Die größte Anzahl literarischer Quellen stammt aus christlicher Überlieferung. Die Hauptquelle ist natürlich das **Neue Testament**, vor allem die **Evangelien.**

Die wissenschaftliche Theologie geht davon aus, dass es bereits zu Lebzeiten Jesu eine **mündliche Überlieferung** von Berichten über ihn gab, die sich nach seinem Tod und seiner Auferstehung fortsetzte. Die frühen Gemeinden waren jedoch nicht so sehr an einer Schilderung des Lebens Jesu interessiert wie an Fragen des Glaubens an den auferstandenen Christus.

Die Paulusbriefe

Die ältesten Schriften des Neuen Testaments, die Paulusbriefe (ca. 50–60 n. Chr.), geben nicht viel Auskunft über das Leben und die Worte Jesu. Allein in einigen wenigen Punkten, wie Ehescheidung und Abendmahl, zeigt Paulus eine große Nähe zur Jesusüberlieferung in den Evangelien.

Der Evangelist Matthäus, byzantin. Manuskript.

Die Evangelien nach Markus, Matthäus und Lukas

Die Evangelien berichten ausführlich vom Leben Jesu. Ihre Entstehung wird auf die Zeit um 70–100 n. Chr. datiert. Dabei markiert 70 n. Chr. einen entscheidenden Wendepunkt in der christlich-jüdischen Geschichte. In diesem Jahr wurde Jerusalem erobert und der Tempel von den Römern zerstört.

Lukasevangelium, armenisches „Buch der vier Evangelien", 12. Jh.

Der Einschnitt für das religiöse Leben war immens: Mit dem Tempel ging ein wesentlicher Bestandteil der damaligen jüdischen Religion unter, das religiöse Leben musste neu organisiert werden. Das heutige Judentum und das Christentum entwickelten sich auf der Grundlage dieser neuen, „tempellosen" Situation und nicht direkt aus dem religiösen Umfeld, das der historische Jesus kannte.

Für die Datierung der Evangelien ist dieses Ereignis wichtig, weil Matthäus und Lukas wahrscheinlich indirekt darauf Bezug nehmen, während ein solcher Bezug bei Markus fehlt:

Mt 22,7 Da wurde der König zornig; er schickte sein Heer, ließ die Mörder töten und ihre Stadt in Schutt und Asche legen.

Mt 23,38 Darum wird euer Haus (von Gott) verlassen.

Lk 21,24 Mit scharfem Schwert wird man sie erschlagen, als Gefangene wird man sie in alle Länder verschleppen, und Jerusalem wird von den Heiden zertreten werden, bis die Zeiten der Heiden sich erfüllen.

Deshalb wird Markus vor die Zerstörung Jerusalems datiert (um 70 n. Chr.), Matthäus und Lukas danach (75–100 n. Chr.).

Das Johannesevangelium

Deutlich von den drei Evangelien nach Markus, Matthäus und Lukas unterschieden ist das Evangelium nach Johannes (ca. 75–100 n. Chr.). Es schildert das Leben Jesu teilweise anders (z. B. drei Jahre Predigttätigkeit anstatt eines, Unterschiede in der Passionsgeschichte) und legt den Schwerpunkt auf die Re-

Tonkrüge aus Qumran, in denen jüdische Texte aus der Zeit Jesu gefunden wurden.

den Jesu, in denen dieser seine besondere göttliche Sendung darstellt. Weil dieses Evangelium mehr auf Predigten als auf Ereignissen aus dem Leben Jesu beruht, wurde es lange Zeit für historisch wertlos gehalten. Die Forschung nahm an, dass das Johannesevangelium eine Sonderentwicklung im Urchristentum widerspiegelt, die auf nicht jüdischem Denken basiert.

Textfunde aus den Höhlen von Qumran am Toten Meer haben allerdings gezeigt, dass viele Gedanken des Johannesevangeliums auch in der jüdischen Vorstellungswelt verankert waren. Damit wandelte sich die Einschätzung des Johannesevangeliums. Es könnten auch sehr alte judenchristliche Traditionen vorliegen. Diese Annahme wird in der Forschung diskutiert – mit noch offenem Ausgang. Auf jeden Fall wird dieses Evangelium in den nächsten Jahren auch für die historische Forschung eine größere Rolle spielen als bisher.

Die Apostelgeschichte

In der Apostelgeschichte, die dem Autor des Lukasevangeliums zugeschrieben wird, wird von den Anfängen der urchristlichen Kirche berichtet. Dabei gibt es einige indirekte Hinweise auf das Leben Jesu (z. B. Apg 1,16–19: Verrat durch Judas, der mit dem Geld einen Acker kaufte, der „Blutacker“ genannt wurde). Wichtig ist die Apostelgeschichte vor allem für Hinweise, wie die ersten Christen das Leben und Sterben Jesu deuteten.

Apokryphe Evangelien

Wir kennen weitere christliche Texte, die nicht in die Bibel aufgenommen wurden, vor allem sogenannte apokryphe Evangelien (von griech. *apokryphos:* verborgen) wie das Thomasevangelium. Diese apokryphen Evangelien sind meist jünger als die biblischen und oft nur in Fragmenten (von lat. *fragmentum:* Bruchstück) erhalten. Die große Zahl solcher Evangelien (-fragmente) weist auf eine rege Produktion christlicher Literatur seit dem Ende des 1. Jahrhunderts nach Christus hin und zeigt uns heute, wie viele unterschiedliche Strömungen es im Urchristentum gegeben hat.

Die Schriften der Kirchenväter

Daneben liefern uns die Kirchenväter Hinweise über die christliche Theologie des 2. Jahrhunderts nach Christus. Indirekt geben die Schriften der Kirchenväter Auskunft darüber, wann ein Evangelium spätestens abgefasst worden sein muss: Wenn es von einem Kirchenvater zitiert wird, muss es zu dem Zeitpunkt schon geschrieben gewesen sein.

2.2 Nicht christliche Quellen

Neben den christlichen Quellen gibt es auch einzelne Notizen über Jesus bei nicht christlichen Autoren. Der Wert dieser Quellen liegt darin, dass sie den Vorwurf entkräften, eine historische Figur Jesus von Nazareth habe es nie gegeben, sondern sei die Erfindung der Urchristen.[2]

Jüdische Quellen

Zwei Erwähnungen Jesu finden sich bei dem jüdischen Historiker **Josephus** (37/38 bis ca. 100 n. Chr.):

- Josephus berichtet in der „Weltgeschichte des jüdischen Volkes" (*Antiquitates Iudaicae,* 93 n. Chr.) im 20. Buch, Abschnitt 200, von der Steinigung des Jakobus, „des Bruders Jesu, der Christus genannt wird".
- An anderer Stelle (18. Buch, Abschnitt 63 f.) geht Josephus direkt auf Jesus ein. Der Abschnitt, der auch das *Testimonium Flavianum* (lat. „Zeugnis des Flavius", nach dem Beinamen des Josephus Flavius) enthält, schildert Jesus als weisen Menschen und erwähnt seinen Tod und seine Auferstehung. Unklar ist, inwieweit der Text von dem Juden Josephus stammen kann, denn die sehr positive Tendenz legt eine spätere christliche Bearbeitung nahe. Diese Stelle wird jedoch als Beleg gewertet, dass Josephus Jesustraditionen kannte.

Römische Quellen

- Der römische Anwalt und Staatsmann **Plinius der Jüngere** (61/62 bis ca. 114) war als Beamter mit Christen konfrontiert. Seine Briefe an Kaiser Trajan (X 96 und 97) geben Aufschluss über die Situation von Christen im römischen Reich. Jesus von Nazareth als historische Persönlichkeit wird nur am Rande gestreift, weil es Plinius' Aufgabe als römischer Beamter war, sich um die Christen zu kümmern, nicht aber darum, woher ihr Glaube kam.

2 Wissenschaftlich ist dies schon lange widerlegt, aber populäre Literatur greift diesen Vorwurf immer wieder auf.

- Der Geschichtsschreiber **Tacitus** (um 55/56 – ca. 120 n. Chr.) schildert in seinen Annalen (116/117 n. Chr.: XV 44) die Christenverfolgung unter Nero und erwähnt, dass der Jude Christus von Pontius Pilatus hingerichtet wurde.
- Schließlich findet sich eine Parallele zu der in Apostelgeschichte 18,2 erwähnten Ausweisung von Juden aus Rom unter Claudius bei **Sueton** (um 70 bis ca. 130 n. Chr.), der in seinen Kaiserbiografien vom sog. Claudiusedikt berichtet, nach dem die Juden aus Rom vertrieben wurden, weil sie „von Chrestus aufgehetzt, fortwährend Unruhe stifteten …" (Claud. 25,4).

Quellen zum Leben Jesu

literarische Quellen			
christliche Quellen		**nicht christliche Quellen**	
biblische Texte: Evangelien; indirekt: Briefe, Apostelgeschichte	*außerbiblische Texte:* apokryphe, Evangelien, Kirchenväter	*jüdische Sicht:* Josephus (37/38 bis nach 100)	*römische Sicht:* Plinius (61/62 bis ca. 114) Tacitus (55/56 bis ca. 120) Sueton (um 70 bis ca. 130)
nicht literarische Quellen			
Archäologie			
Sachfunde: Siedlungen, Monumente, Gebrauchsgegenstände			

2.3 Exkurs: Die Qumran-Texte

In den Höhlen von Chirbet Qumran am Toten Meer wurde nach ihrer Entdeckung im Jahr 1947 eine Reihe sensationeller Textfunde gemacht. Die Texte stammen aus der Zeit Jesu Christi, d. h. sie wurden zwischen 100 vor und 100 nach Christus aufgeschrieben. Sie sind für die historische Erforschung der Zeit Jesu von großer Bedeutung, weil sie uns einen Einblick in das Judentum vor der Tempelzerstörung (70 n. Chr.) geben.

In keinem der Texte aus Qumran wird Jesus von Nazareth namentlich erwähnt. Qumran ist also keine Quelle über das Leben und Wirken Jesu. Es ist auch sehr unwahrscheinlich, dass Jesus und Qumran in einem direkten Zusammenhang standen. Historisch plausibler ist es, anzunehmen, dass es Strömungen im Judentum gab, die sowohl in Qumran als auch von Jesus aufgegriffen wurden.

Qumran, in der unteren Bildmitte die Reste einer (vermutlich essenischen) Siedlungsanlage.

Es lassen sich zwischen Jesus und Qumran einige inhaltliche Parallelen feststellen, so z. B. die Vorstellung von einer Gütergemeinschaft bzw. der Verzicht auf Privatbesitz oder die Tatsache, dass auch in Qumran ein Kreis von zwölf Männern eine Rolle spielte und dass es gemeinsame kultische Mahlzeiten in der Erwartung des Messias gegeben hat.

Es gibt allerdings auch wesentliche Unterschiede: So spielen in Qumran Sabbatheiligung und Einhaltung der Reinheitsvorschriften eine große Rolle, während Jesus diese Fragen, wie wir sagen würden, „liberal" handhabte, vgl. Mk 2, 23–28; 7,1–23.

Mk 2,27 Der Sabbat ist für den Menschen da, nicht der Mensch für den Sabbat.

Mk 7,18–23 Begreift auch ihr nicht? Seht ihr nicht ein, dass das, was von außen in den Menschen hineinkommt, ihn nicht unrein machen kann? Denn es gelangt ja nicht in sein Herz, sondern in den Magen und wird wieder ausgeschieden. Damit erklärte Jesus alle Speisen für rein. Weiter sagte er: Was aus dem Menschen herauskommt, das macht ihn unrein. Denn von innen, aus dem Herzen der Menschen, kommen die bösen Gedanken, Unzucht, Diebstahl, Mord, Ehebruch, Habgier, Bosheit, Hinterlist, Ausschweifung, Neid, Verleumdung, Hochmut und Unvernunft. All dieses Böse kommt von innen und macht den Menschen unrein.

Auch wenn die Aussage „Damit erklärte Jesus alle Speisen für rein" auf eine spätere Gemeindebildung zurückgehen sollte, gehen doch Impulse einer solchen Liberalisierung ganz offensichtlich auf Jesus selbst zurück. Daher ist ein Zusammenhang mit der Qumran-Gemeinde unwahrscheinlich.

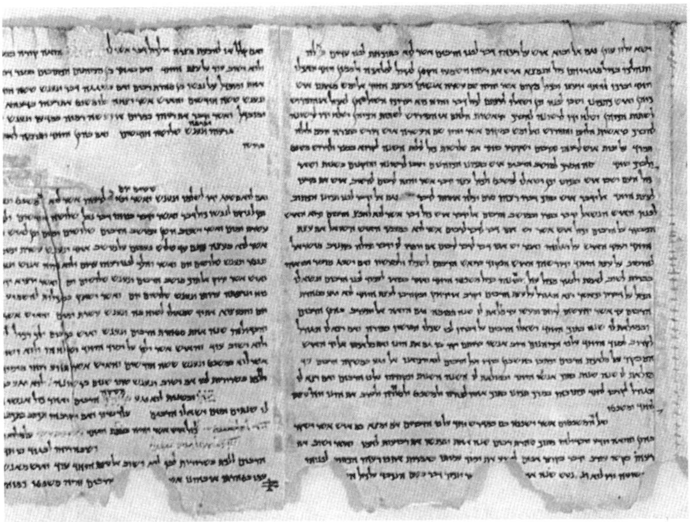

Auszug aus einer Gemeinderolle von Qumran.

Die Funde von Qumran haben in der Wissenschaft für Aufsehen gesorgt, weil sie unerwartete Einsichten in das religiöse Leben einer Gruppe des Judentums geben und unser Verständnis der Zeit Jesu erweitern.

2.4 Die Zwei-Quellen-Theorie

Die Evangelien nach Markus, Matthäus und Lukas weisen untereinander große Ähnlichkeiten auf, vieles ist direkt vergleichbar. Das Johannesevangelium dagegen unterscheidet sich durch einen anderen Aufbau und eine andere theologische Akzentsetzung. Wegen ihrer Ähnlichkeit werden Markus, Matthäus und Lukas auch **synoptische Evangelien** (von griech. *synopsis:* Zusammenschau) genannt. Beim synoptischen Vergleich fällt Folgendes auf:

- Markus ist das kürzeste Evangelium.
- Was Markus schrieb, steht auch in Matthäus und Lukas.
- Matthäus und Lukas haben außerdem eine Reihe von gemeinsamen Texten, die wir nicht in Markus finden.
- Einige Texte finden sich nur bei Lukas und andere nur bei Matthäus.

Aufgrund dieser Beobachtungen wurde die **Zwei-Quellen-Theorie** formuliert. Zunächst gab es über das Leben Jesu nur mündliche Traditionen. Diese greift **Markus** als Grundlage für sein Evangelium auf. Das Markusevangelium liegt nun Matthäus und Lukas vor. Außerdem benutzen beide bei der Verfassung ihrer Evangelien eine weitere schriftliche Quelle, die vor allem Aussprüche Jesu

Schema zur Zwei-Quellen-Theorie

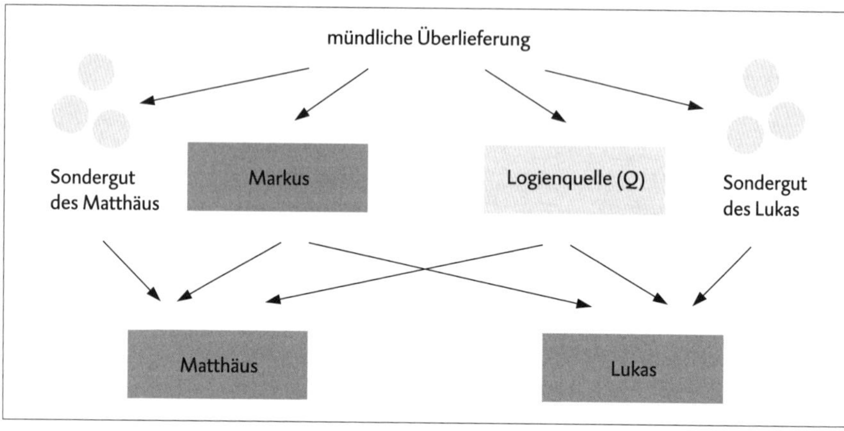

enthält. Diese Quelle wird **Logienquelle** (von griech. *logion:* Ausspruch) oder Q (für „Quelle") genannt. Schließlich kennen sowohl Lukas als auch Matthäus noch verschiedene weitere mündliche Traditionen, die sie in ihre jeweiligen Evangelien aufnehmen, das **Sondergut**.

Zusammenfassung: Die Quellenlage

Die **christlichen Quellen** über das Leben Jesu gehen auf mündliche Überlieferung zurück.

- Die wichtigste schriftliche Quelle ist das **Neue Testament**, vor allem die **Evangelien**.
- Andere christliche Quellen zu Jesus sind die sogenannten **apokryphen Evangelien**, die weitere Strömungen des Urchristentums widerspiegeln, ebenso die Zeugnisse der **Kirchenväter**.

Die **Texte von Qumran** liefern neue Einblicke in das Judentum zur Zeit Jesu.
Sie enthalten aber keinen direkten Hinweis auf Jesus von Nazareth.

Die **Zwei-Quellen-Theorie** beschreibt, wie die drei synoptischen Evangelien Matthäus, Markus und Lukas voneinander abhängen.
Matthäus und Lukas griffen für ihre Evangelien hauptsächlich auf zwei Quellen zurück: auf das Markusevangelium und auf eine Sprüchesammlung, die Logienquelle.
Das Johannesevangelium spiegelt eine andere Tradition wider, deren Ursprünge noch diskutiert werden.

Auch in **nicht christlichen Quellen** wird Jesus erwähnt, so bei dem jüdischen Geschichtsschreiber Josephus (37/38–ca. 100) oder in römischen Zeugnissen von Plinius (61/62–ca. 114), Tacitus (55/56–ca. 120) und Sueton (um 70–ca. 130).

3 Historische Fakten über Jesus von Nazareth

3.1 Das persönliche Umfeld Jesu

In der Theologie herrscht weitgehend Einigkeit über eine Reihe historischer Fakten bezüglich des Lebens Jesu. Es gilt als sicher, dass Jesus von Nazareth in den letzten Regierungsjahren Herodes' des Großen (73–4 v. Chr.) geboren wurde. Zwar setzt unser Kalender das Jahr von Christi Geburt mit dem Jahr 1 gleich, diese Berechnung stammt jedoch aus der Spätantike und ist falsch.[3]

Jesu **Mutter** hieß Maria, sein **Vater**, ein Zimmermann, hieß Joseph. Jesus hatte Geschwister, namentlich bekannt sind seine Brüder Jakobus, Joses, Judas und Simon (Mk 6,3; Gal 1,19). Die Familie schien ihre Abstammung von König David (der ungefähr 1 000 v. Chr. herrschte) herzuleiten.

Im Alter von ca. 30 Jahren begann Jesus von Nazareth eine **Predigertätigkeit**. Von seinen Zeitgenossen wurde er mit dem Prediger Johannes der Täufer in Verbindung gebracht. Jesus sammelte eine Anhängerschar um sich und wurde nach einiger Zeit öffentlichen Wirkens (ein bis drei Jahre) unter Pontius Pilatus aus politischen Gründen **hingerichtet**. Dafür spricht die Überschrift über dem Kreuz: INRI (Iesus Nazarenus Rex Iudaeorum – Jesus von Nazareth, König der Juden, vgl. Joh 19,19), denn „rex" (lat. „König") ist ein politischer und kein religiöser Titel. Das bedeutet, dass die in Palästina herrschenden Römer in Jesus einen politischen Umstürzler gesehen haben müssen.

Auch wenn Jesus schon zu Lebzeiten eine bekannte Persönlichkeit war, setzte seine eigentliche Wirkung erst nach seinem Tod ein. Es ist umstritten, ob die Auferstehung historisch ist, unstrittig aber ist ihre Wirkung: Die Zahl der Anhängerinnen und Anhänger Jesu wuchs, neue Gemeinden wurden gegründet, die Geschichte des Christentums nahm ihren Lauf.

3.2 Die politische Lage zur Zeit Jesu

Auch wenn die Verkündigung und das Handeln Jesu für die Glaubenden bis in unsere Zeit Gültigkeit haben, dürfen wir nicht vergessen, dass seine Worte und Taten sich ursprünglich an konkrete Menschen in einer ganz bestimmten geschichtlichen Situation richteten. Als Jesus geboren wurde, stand Israel bereits seit vielen Jahrhunderten unter **Fremdherrschaft**, während der seine religiöse und kulturelle Identität immer wieder bedroht worden war.

3 Ostertafel des Dionysius Exiguus (um 470 – ca. 550 n. Chr.).

Der Verlust der politischen Selbstständigkeit unter den Assyrern und Persern

Aus dem Alten Testament sind hauptsächlich die Zeiten bekannt, in denen das Nordreich Israel und das Südreich Juda eigenständige Staaten waren. Diese Selbstständigkeit ging für Israel aber schon 722 v. Chr. durch die Assyrer und für Juda 586 v. Chr. durch die Babylonier verloren. In den Jahren 586–538 befand sich die jüdische Oberschicht im **babylonischen Exil**, das durch den Untergang des babylonischen Reiches beendet wurde.

Zwischen 530 und 330 v. Chr. herrschten die Perser über den gesamten Vorderen Orient. Ihre Herrschaft war durch religiöse Toleranz geprägt. Mit der Eroberung des persischen Reiches durch Alexander den Großen (334–331 v. Chr.) begann das Zeitalter des Hellenismus, das für Palästina erst 64 v. Chr. mit dem Einzug der Römer sein Ende fand.

Die hellenistische Zeit

In der hellenistischen Zeit (331–142 v. Chr.) waren alle entscheidenden politischen und wirtschaftlichen Posten mit Griechen besetzt. Auf diese Weise konnte die **griechische Kultur** großen Einfluss gewinnen: Griechisch wurde zur Standardsprache (ähnlich wie heute Englisch), Gymnasien, Theater und andere öffentliche Gebäude wurden nach griechischem Vorbild gestaltet. Griechische Literatur wurde gelesen und griechische Namen waren modern.

Alexander der Große erobert den Vorderen Orient, Mosaik aus Pompeji.

Außerhalb Palästinas sprachen viele Juden nur noch Griechisch, was um ca. 250 v. Chr. eine Übersetzung der hebräischen Bibel ins Griechische notwendig machte. Diese Übersetzung, die Septuaginta (von griech. „70“, weil sie angeblich von 72 Gelehrten übersetzt worden war), wurde später auch von den christlichen Gemeinden verwendet.

Der starke hellenistische Einfluss war allerdings auch eine Gefahr für die israelitische Religion. Einerseits spielten griechische Götter im täglichen Leben eine große Rolle und überlagerten den jüdischen Glauben, andererseits gab es immer wieder Herrscher, die versuchten, die israelitische Religion zwangsweise abzuschaffen.

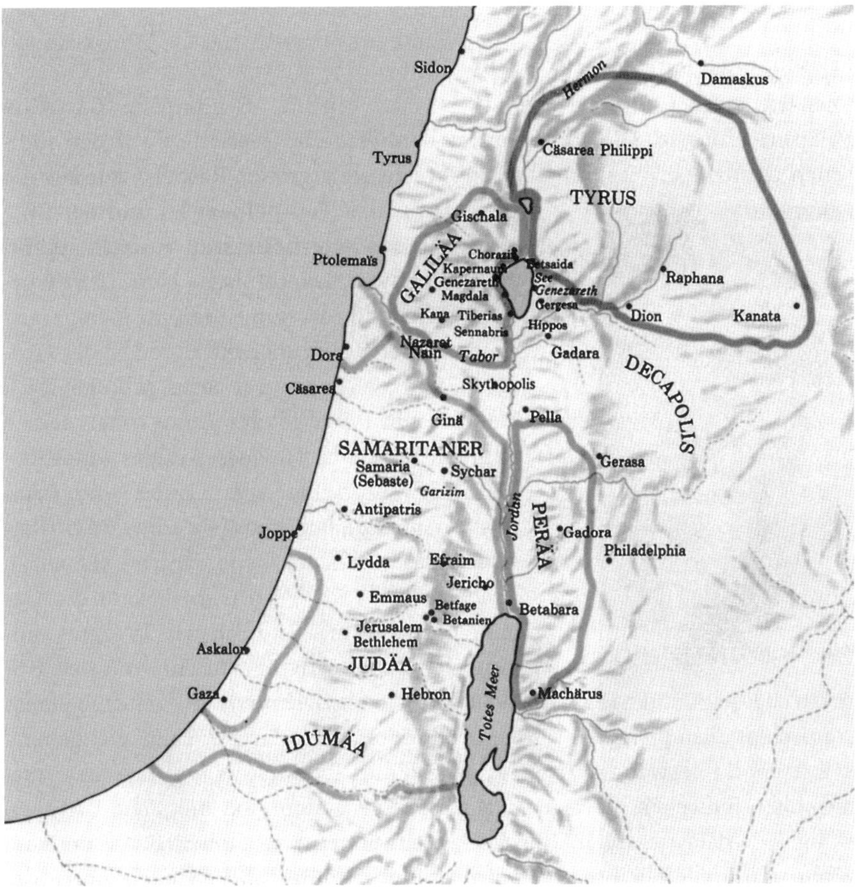

Palästina zur Zeit Jesu

Der Herrscher Antiochus IV. Epiphanes plünderte 168 v. Chr. den Tempelschatz und verbot jede Art der jüdischen Religionsausübung (Tempelkult, Beschneidung, Sabbat und Festtage). Stattdessen sollte Zeus verehrt werden. Diese Politik führte zu einem Volksaufstand, geleitet von den Makkabäern, unter deren Herrschaft das jüdische Volk ab 142 v. Chr. bis 63 v. Chr. wieder politische Selbstständigkeit erlangte. Allerdings waren die Jahre hellenistischer Herrschaft nicht ohne Spuren am jüdischen Volk vorbeigegangen. Die Jahre bis zur Machtübernahme der Römer waren geprägt von der Anstrengung, wieder eine eigenständige religiöse und kulturelle Identität zu erlangen. Dies führte zu Konflikten und Machtkämpfen unterschiedlicher Gruppierungen, die erst durch den Einmarsch von Pompeius 63 v. Chr. beendet wurden.

Palästina unter römischer Herrschaft

Die Zeit unter römischer Fremdherrschaft begann, als Pompeius 63 v. Chr. Palästina eroberte. Die römische Besatzungsmacht tolerierte zwar den jüdischen Glauben, erwies ihm allerdings nicht allzu großen Respekt, wie aus der **Besetzung des Tempelbezirks** und der **Entweihung des Allerheiligsten** durch Pompeius ersichtlich wird. Die römische Herrschaft wurde zunächst indirekt durch jüdische Könige ausgeübt. In der Regierungszeit Herodes' des Großen (37–4 v. Chr.) wurde Jesus geboren, nach Herodes' Tod wurde das Land unter seinen Söhnen aufgeteilt: Herodes Antipas (4 v. Chr.–39 n. Chr.) herrschte über Galiläa und Peräa (Ostjordanland), Philippus (4 v. Chr.–34 n. Chr.) erhielt das nördliche Ostjordanland (Batanäa), Archelaos (4 v. Chr.–6 n. Chr.) bekam die Gebiete Judäa, Idumäa und Samaria. Wegen Grausamkeit wurde letzterer 6 n. Chr. von den Römern abgesetzt und nach Gallien verbannt. Sein Gebiet wurde daraufhin einem römischen „Landpfleger“ (Prokurator) unterstellt, der das Land weitgehend selbstständig verwaltete. Die Residenz dieses Prokurators war Caesarea, aber an hohen jüdischen Festtagen weilte er in Jerusalem, um mögliche Unruhen schnell niederzuschlagen. Jüdische Institutionen wie Hohepriester und der Hohe Rat (die religiöse Stadtverwaltungsbehörde) blieben auch unter der römischen Herrschaft erhalten, doch hatte allein der römische Prokurator das Recht, Todesurteile zu fällen.

Herodes der Große (37–4 v. Chr.)

Für die Einwohner des Landes bedeutete die römische Herrschaft vor allem Steuern und Abgaben. Es gab unter anderem eine Grundsteuer nach Größe des Besitzes sowie eine Kopfsteuer, die jeder unabhängig von seinem Besitz zu leisten hatte und die besonders für Arme eine große Belastung darstellte. An Feiertagen wurde eine Kranzsteuer erhoben, die direkt an den Kaiser ging. Die Salzsteuer traf vor allem Fischer und Gerber. Daneben gab es Zölle, die man entrichten musste, wenn man Waren einführte, ausführte oder durch ein bestimmtes Gebiet transportierte.

Die Fülle der Abgaben führte viele Menschen in den finanziellen Ruin. Das bedeutete damals die Schuldknechtschaft, eine Art Sklaverei, oder das Absinken in die Kriminalität. Aus diesem Grund waren die Römer verhasst; die meisten Juden ersehnten das Ende ihrer Herrschaft.

Die Grausamkeiten der Römer erschienen vielen als Zeichen, dass das Ende der Welt nahe sei. Es gab in jener Zeit eine Fülle **apokalyptischer Schriften**, in denen das Weltende beschrieben wurde. Die Juden hofften auf den Messias, den Retter, mit dessen Ankunft das Ende der Zeiten anbricht. Viele Menschen fragten sich, wie sie den Willen Gottes erfüllen könnten, um das Ende der Welt und die Gottesherrschaft herbeizuführen.

3.3 Gesellschaftliche und religiöse Gruppierungen zur Zeit Jesu

Die Gesellschaft zur Zeit Jesu teilte sich in eine kleine **Oberschicht**, die aus dem Priesteradel, Großgrundbesitzern, Steuerpächtern und Großhändlern bestand. Wer aus dieser Gruppe sein Geld und seine Macht erhalten wollte, musste mit den Römern kollaborieren oder sich zumindest mit ihnen arrangieren.

Es gab eine **Mittelschicht**, die aus Verwaltern, welche für die Oberschicht arbeiteten, und selbstständigen Handwerkern, Fischern und Kleinbauern bestand. Dieser Mittelschicht entstammt Jesus als Sohn einer Handwerkerfamilie. Die römischen Steuereinnahmen trafen vor allem diese Schicht. Zwar lebte man noch über dem Existenzminimum, war aber stets vom sozialen Abstieg in die Unterschicht bedroht, der die Mehrheit der Bevölkerung angehörte. Wer als Pächter, Tagelöhner, Sklave, Bettler oder Kranker der **Unterschicht** angehörte, lebte unter dem Existenzminimum. Dementsprechend groß war der soziale Sprengstoff, den die Römer mit militärischer Gewalt in Schach hielten.

Josephus Flavius (siehe 2.2) beschreibt in seiner „Weltgeschichte des jüdischen Volkes“ und im „Jüdischen Krieg“ drei wesentliche religiöse Gruppierungen innerhalb der jüdischen Gesellschaft – Sadduzäer, Pharisäer und Essener –, zu denen im Allgemeinen noch eine vierte, die Zeloten, hinzugezählt wird.

Die Sadduzäer

Die Sadduzäer gehörten als Priester gesellschaftlich den **oberen Schichten** an. Ihr Name leitet sich von Zadok, einem israelitischen Hohepriester, ab (1 Kön 2,35 und Ez 44,15: Nur Nachkommen Zadoks können rechtmäßig Priester sein.). Das Interesse der Sadduzäer richtete sich auf den Tempel, er bildete ihre ideologische und materielle Lebensgrundlage. Daher mussten sie sich auch mit den Römern arrangieren. Da die Sadduzäer nur in der Oberschicht Anhänger hatten, mussten sie sich, wenn es um Ämter ging, mit den beliebteren und volksnahen Pharisäern absprechen.

Theologisch sind die Sadduzäer sehr am Diesseits ausgerichtet. Sie erkennen nur die heiligen Schriften als göttliche Gebote an, die mündliche Überlieferung lehnen sie – im Gegensatz zu den Pharisäern – ab. Die Sadduzäer glauben, dass Gott zwar stets das Gute will, aber keine Schicksalsmacht ist. Das Böse kommt ihrer Meinung nach von den Menschen. So sind die Menschen für ihr eigenes Glück verantwortlich.

Die Sadduzäer bestreiten ein Weiterleben der Seele nach dem Tod bzw. eine Auferstehung der Toten (Mt 22,23). Dementsprechend entfällt auch ein Gericht für die Seelen nach dem Tode. Diese Haltung entspricht der hohen Stellung und der materiellen Sicherheit der Sadduzäer: Wer in diesem Leben auf seine Kosten kommt, braucht keine Hoffnung auf ein jenseitiges.

Die Pharisäer

Die Pharisäer entstammen der **Mittelschicht**. Sie genossen hohes Ansehen beim Volk und standen in dem Ruf, das Gesetz gewissenhaft auszulegen. Ihr Lebensstil unterschied sich von dem der Sadduzäer durch Genügsamkeit und Pflichtbewusstsein. Im Neuen Testament entsteht durch die Auseinandersetzungen mit Jesus leicht das Missverständnis, die Pharisäer seien überwiegend Heuchler und Scheinheilige. Das Anliegen der Pharisäer war jedoch, die Religion in das Alltagsleben der Menschen zu bringen. Die Pharisäer lehrten die Menschen, wie sie durch das alltägliche Einhalten von Gottes Geboten seinen Willen erfüllen könnten. Dabei gingen sie nicht nur von den schriftlichen Überlieferungen aus, sondern auch von der „mündlichen Tora“, die ihrer Auffassung nach Mose am Sinai offenbart worden war. Diese mündlichen Rechtstraditionen wurden erst später in der Mischna (hebr. „Lehre“, Bezeichnung für die schriftliche Fixierung der mündlichen Überlieferungen, ca. 200 n. Chr.) gesammelt.

Wichtig war den Pharisäern also die Heiligung des Alltags. Dazu gehörte besonders die Beachtung der Reinheitsvorschriften. Reinheit wurde sowohl konkret verstanden, z. B. das Händewaschen vor dem Essen (vgl. Mk 7,1 ff.), als auch im rituellen Sinne, nämlich die Vermeidung des Kontaktes mit Unreinen, ob das nun Römer, Prostituierte oder ganz allgemein Sünder waren.

Miteinander diskutierende Pharisäer, Darstellung im Chorgestühl der Kathedrale von Auch, Frankreich, 16. Jh.

Im Gegensatz zu den Sadduzäern glaubten die Pharisäer, dass der Mensch nicht allein für sein Glück verantwortlich ist. Vielmehr wirken seine Vernunft und Gottes Wille zusammen. Was im Diesseits ungerecht ist, wird durch das göttliche Gericht bei der Auferstehung wieder ins Lot gebracht. In theologischen Zweifelsfällen gingen die Pharisäer vernunftorientiert vor, wichtig war ihnen auch ein respektvolles Verhalten untereinander und anderen Menschen gegenüber.

„Infolge dieser Lehren besitzen sie beim Volke einen solchen Einfluß, daß sämtliche gottesdienstliche Verrichtungen, Gebete wie Opfer, nur nach ihrer Anleitung dargebracht werden. Ein so herrliches Zeugnis der Vollkommenheit gaben ihnen die Gemeinden, weil man glaubte, daß sie in Wort und Tat nur das Beste wollten." (Josephus: Antiquitates Iudaicae 18,1,3).

Jesus teilte mit den Pharisäern den Glauben an die Auferstehung der Toten wie auch den Anspruch, den Alltag zu heiligen. Gerade an diesem gemeinsamen Anliegen entzündeten sich die Konflikte zwischen Jesus und den Pharisäern. Zum einen waren die Pharisäer Jesus noch nicht radikal genug (Mt 5,20–48), zum anderen ist Jesu Haltung zur Reinheit der pharisäischen genau entgegengesetzt. Die Pharisäer sahen ihre Reinheit durch den Kontakt mit Unreinem gefährdet; Jesus dagegen sah seine eigene Reinheit als ansteckend an.

Diese offensive Reinheit [Jesu] ist nicht einfach die sittliche Reinheit des Herzens, sie ist nicht die Reinheit der Gesinnung, sondern Kraft der verborgenen Gegenwart Gottes selbst. [...] Es ist möglich, dass Jesu Konflikte mit den Pharisäern im Laufe der Zeit erst an Schärfe gewannen. Jedenfalls sind Worte sehr ernst zu nehmen, nach denen Jesus „Gerechte“ kennt, die der Umkehr nicht bedürfen (Mk 2,17; Lk 15,7), deren Gerechtigkeit er durchaus anerkennt und positiv wertet (Mt 5,20). Er verlangt von diesen Gerechten nicht Umkehr, sondern Anerkennung seiner Zuwendung zu den Unreinen und das heißt: Anerkennung seiner offensiven Reinheit.

Klaus Berger: Wer war Jesus wirklich? Quell Verlag: Stuttgart 1995, S. 38 f.

Die Essener

Die Essener waren eine enge Gemeinschaft, die vermutlich im zweiten vorchristlichen Jahrhundert nach Machtkämpfen im Jerusalemer Tempel entstanden ist. Die Essener lehnten den Tempelkult in Jerusalem ab und wollten durch das Leben in ihrer Gemeinschaft den wahren Gottesdienst vollbringen. Sie verstanden ihren Bund als das wahre Israel und setzten sich besonders gegen alle hellenistischen Einflüsse zur Wehr. Durch intensives Schriftstudium, strenge Reinheitsvorschriften, genaue Beachtung des Festkalenders und gemeinsames Gotteslob sollte diese Gemeinschaft der wahre „Tempel“ Gottes sein. Die Essener hielten sich von ihrer Umwelt fern. Sie verzichteten auf ihren privaten Besitz zugunsten einer Gütergemeinschaft. Ein Teil der Essener lebte in Ehelosigkeit, daneben gab es aber wahrscheinlich auch Familien.

Die Essener glaubten, dass alles durch Gott vorherbestimmt ist, der Mensch also keinen Einfluss auf sein Schicksal hat. Entsprechend dieser Vorherbestimmung gibt es zwei Gruppen von Menschen: „Kinder des Lichts“, die sich von den „Kindern des Bösen“ fernhalten müssen. Die Essener glaubten auch an die Unsterblichkeit der Seele und eine Belohnung bzw. Bestrafung der Seelen im Jenseits. Wie die Pharisäer waren auch die Essener sehr um die Trennung von Rein und Unrein bemüht, hatten aber im Gegensatz zu den Pharisäern gegenüber dem übrigen Volk keinerlei pädagogische Absichten. Ihre genaueren theologischen Lehren hielten sie geheim.

Die heutige Forschung geht mehrheitlich davon aus, dass die in Qumran gefundene Siedlungsanlage und die Schriften essenischen Ursprungs sind.

Im Neuen Testament werden die Essener nicht erwähnt. Es ist auch historisch unwahrscheinlich, dass Jesus in der Zeit seines öffentlichen Wirkens mit Essenern in Kontakt kam, da die Essener sich von allen Außenstehenden zurückzogen.

Die Zeloten

In den Jahren nach 6 n. Chr. rief ein Mann namens Judas Galilaios (griech.: „der Galiläer“) zum Widerstand gegen die Römer mit der Begründung auf, dass nur Gott als Herrscher akzeptiert werden dürfe. Um die Römer zu schädigen, rief er die jüdische Bevölkerung dazu auf, keine Steuern mehr zu bezahlen.[4] Laut Apostelgeschichte (Apg 5,37) kam Judas Galilaios gewaltsam ums Leben. Seine Anhänger werden mit der Gruppe der Zeloten (griech.: „Eiferer“) gleichgesetzt, die für den jüdischen Krieg (66–73 n. Chr.) verantwortlich waren. Allerdings gibt es vor diesem Krieg nur einen Beleg für die „Zeloten“: Einer der Jünger Jesu, Simon, hatte den Beinamen „Zelot“ (Lk 6,15). In der Forschung ist umstritten, ob dies als der älteste Hinweis auf die politische Gruppierung der Zeloten gewertet werden kann, oder ob der Beiname wörtlich aufgefasst werden muss.

3.4 Der Ostergraben

Die historischen Fakten über Jesus lassen entscheidende Fragen offen: Was wollte Jesus erreichen? Hielt er sich selbst für den Sohn Gottes? Wollte er eine neue Religion gründen? Wusste er, dass er sterben und von den Toten auferweckt würde? Diese Fragen betreffen Jesus von Nazareth als historische Gestalt.

Wir können aus der Bibel erfahren, dass der Tod Jesu für die Jüngerinnen und Jünger das Scheitern ihrer Bewegung bedeutete (Lk 24,21: Die Jünger sehen sich in ihrer Hoffnung auf den Retter getäuscht.). Erst durch die Auferstehung Christi ergab sich eine völlig neue Situation. Die Begegnungen mit dem auferstandenen Christus überzeugten die Jünger davon, dass die Osterereignisse das eigentliche Ziel der Handlungen Jesu waren. So interpretierten sie das vorher Erlebte neu. Was sie zu Jesu Lebzeiten z. B. für die Ankündigung eines Umsturzes gehalten hatten, wurde nach der Auferstehung als Ankündigung der Osterereignisse aufgefasst. Die Forschung spricht hier vom „**Ostergraben**“. Das Ostergeschehen ist ein so einschneidendes Ereignis, dass es die Zeit vorher und nachher wie ein Graben trennt.

Die Einsicht, dass sich die Handlungen Jesu zu seinen Lebzeiten für die Jüngerinnen und Jünger anders darstellten als nach Ostern, bedeutet allerdings nicht, Jesus selbst habe keine Ansprüche auf Göttlichkeit erhoben. Die heutige Forschung rechnet durchaus damit, dass Jesus seinen Jüngern schon vor seinem Tod, ausdrücklich oder auch versteckt, seinen besonderen Sendungsanspruch zu verstehen gab. Auch hier ist es nicht möglich, Ursprüngliches zweifelsfrei von späterer Tradition zu unterscheiden.

4 Wenn die Pharisäer Jesus nach seiner Einstellung zur Steuer fragen (Mk 12,13–17), fragen sie gleichzeitig nach seinen Sympathien für Judas Galilaios.

Zusammenfassung: Historische Fakten über Jesus von Nazareth

Historischer „Steckbrief" zu Jesus von Nazareth

- Sohn der Maria und des Joseph aus Nazareth in Galiläa, möglicherweise davidischer Herkunft
- Geburt in den letzten Lebensjahren Herodes' des Großen (73–4 v. Chr.)
- Tätigkeit als Wanderprediger ab dem 30. Lebensjahr
- Hinrichtung als politischer Aufrührer („König der Juden") unter Pontius Pilatus (zwischen 30 und 33 n. Chr.)
- große Wirkung bis über den Tod hinaus

Die politische Lage zur Zeit Jesu

Nach der Eroberung durch Alexander den Großen wurde der gesamte Vordere Orient einschließlich Palästinas **griechisch** geprägt (sog. Hellenismus). Die hellenistischen Herrscher Palästinas versuchten immer wieder, die jüdische Religion abzuschaffen, was schließlich 168 v. Chr. zu einem Volksaufstand und 142 v. Chr. zu einem zwischenzeitlichen Ende der Fremdherrschaft in Palästina führte.

Die **Römer** eroberten Palästina 63 v. Chr. und ließen das Land zunächst von jüdischen Königen, später auch von römischen Statthaltern regieren. Die Römer zeigten sich dem jüdischen Glauben gegenüber tolerant, pressten das Land durch Steuern und Zölle finanziell aber so stark aus, dass sie bei der Bevölkerung verhasst waren.

Gesellschaftliche und religiöse Gruppierungen zur Zeit Jesu

- Die **Sadduzäer** sind die Gruppe der Priesteraristokratie. Sie glauben nicht an ein Weiterleben nach dem Tod und halten den Menschen für sein eigenes Glück verantwortlich. Im Volk hatten die Sadduzäer nur wenig Rückhalt.
- Die **Pharisäer** sind eine Gruppe von Gesetzeslehrern, die sich besonders bemühen, dem Volk die Gebote Gottes näherzubringen und den Alltag zu heiligen. Sie glauben an das göttliche Gericht und die Auferstehung der Toten. Im Volk waren die Pharisäer aufgrund ihrer Aufrichtigkeit sehr angesehen.
- Die **Essener** lebten in Gemeinschaften und sonderten sich von der übrigen Gesellschaft ab. Sie praktizierten Gütergemeinschaft und zum Teil auch Ehelosigkeit und versuchten, ein Leben in völliger Reinheit zu führen. Ihre Lehren hielten sie nach außen geheim. Sie glaubten, dass der Wille Gottes das Schicksal bestimmt und die Seelen nach dem Tode belohnt bzw. bestraft werden.
- Die **Zeloten** kämpften im jüdischen Krieg (66–73 n. Chr.) gegen die Römer. Ob sie schon zur Zeit Jesu zum bewaffneten Widerstand aufriefen, ist umstritten.

Die Osterereignisse lieferten den Anhängerinnen und Anhängern Jesu den Schlüssel zur Interpretation ihrer Erlebnisse mit ihm. Was sie vorher dachten und wie Jesus zu Lebzeiten auf sie wirkte, ist heute nicht mehr eindeutig zu klären – uns trennt der sogenannte „**Ostergraben**" von den historischen Ereignissen.

4 Das Selbstverständnis Jesu

4.1 Das Sendungs- und Vollmachtsbewusstsein Jesu

Eine Interpretation der biblischen Zeugnisse mit der eingangs dargelegten historischen Vorsicht führt zu dem Ergebnis, dass Jesus sich Gott besonders nahe sah und ein starkes Sendungs- und Vollmachtsbewusstsein besaß. Das wird an folgenden Punkten deutlich:

Johannes der Täufer, Relief 16. Jh.

- Jesu Nähe zu **Johannes dem Täufer:** Johannes war zu seiner Zeit eine herausragende Persönlichkeit. Er galt als **Prophet**, der das baldige Gottesreich verkündigte. In den Evangelien werden die beiden Männer miteinander verknüpft, was nahelegt, dass Jesus für sich eine ähnlich große (wenn nicht größere) Nähe zu Gott beanspruchte.
  Vgl. Mk 1,1–11; Joh 1,19–28: Johannes der Täufer kündigt Jesu Wirken an; Mk 6,14–16: Herodes hält Jesus für den auferstandenen Johannes; Joh 1,35–37: Johannes bezeichnet Jesus als „Lamm Gottes".
- Die Verwendung von **Hoheitstiteln:** Jesus spricht von sich selbst als „Menschensohn", „Messias", „Sohn Gottes" und „Herr" (griech. *Kyrios*). Hier stellt sich die Frage, welche dieser Titel Jesus erst in der nachösterlichen Tradition in den Mund gelegt wurden. Die heutige Forschung geht davon aus, dass Jesus von sich selbst als „Menschensohn" sprach. Mit „Menschensohn" ist nicht einfach ein Mensch gemeint, sondern eine himmlische Gestalt (Dan 7,13 f.), die am Ende der Welt als Richter auftritt. Dies lässt auf das besondere **eschatologische Bewusstsein** Jesu (von griech. *eschaton:* das Äußerste, das Letzte, von einer endzeitlichen Erwartung geprägt) schließen.
- Das **„Ich aber sage euch" der Antithesen** (Mt 5,22;28;32;34;39;44): Nicht der Inhalt der Antithesen, sondern das Selbstbewusstsein, das aus ihnen spricht, zeigt, dass Jesus eine große Autorität für sich beanspruchte.

- **Sündenvergebung:** An zwei Stellen (Mk 2,5; Lk 7,48) vergibt Jesus Sünden, etwas, das die Befugnisse eines Rabbis übersteigt und auch Anstoß erregt (vgl. Mk 2,7; Lk 7,49).

Hinter Jesu Sendungsbewusstsein stand aber nicht der Anspruch, eine neue Religion zu stiften. Vielmehr war Jesus an einer **Erneuerung und Vertiefung der jüdischen Religion** gelegen. Mit seiner Predigt wandte er sich vor allem an die Benachteiligten der jüdischen Gesellschaft: Frauen, Sünder und Zöllner. Diese Leute brauchten ihn – im Gegensatz zu den bereits frommen Pharisäern.

Lk 5,31 f. Nicht die Gesunden brauchen den Arzt, sondern die Kranken. Ich bin gekommen, um die Sünder zur Umkehr zu rufen, nicht die Gerechten.

Diese Randgruppen wollte Jesus in die gesamtjüdische Gesellschaft integrieren. Kontakt zu Andersgläubigen suchte er nicht: Als er von einer Heidin um Heilung gebeten wurde, wies er sie zunächst mit dem Hinweis zurück, für sie nicht zuständig zu sein:

Mk 7,27 Da sagte er zu ihr: Lasst zuerst die Kinder satt werden; denn es ist nicht recht, das Brot den Kindern wegzunehmen und den Hunden vorzuwerfen.

In diesem drastischen Vergleich setzt Jesus Andersgläubige mit Hunden gleich. Das Kind der Frau wird dennoch geheilt, weil sie sich nicht einschüchtern lässt. Die Begebenheit zeigt jedoch, dass sich Jesus primär an das jüdische Volk wandte. Die Ernennung von zwölf Jüngern ist dementsprechend als symbolische Handlung zu verstehen: Die Jünger symbolisieren die zwölf Stämme Israels, die durch Jesu Botschaft neu aufgerichtet werden – eine Vorstellung, die sich auch in Qumran findet.

4.2 Jesus und die Frauen

Zur Zeit Jesu hatten Frauen nicht viele Rechte und kein großes Ansehen. Deshalb ist es bemerkenswert, welch große Rolle Frauen im Leben und in der Verkündigung Jesu spielten. Neben den zwölf männlichen Jüngern erfahren wir von einer Reihe Jüngerinnen, die mit Jesus zogen und/oder ihn mit Geld unterstützten (Lk 8,1–3; Mk 15,40 f.). Die Evangelien berichten davon, dass Jesus eine besondere Beziehung zu mindestens drei Frauen hatte. Maria von Magdala wird immer wieder für die Geliebte Jesu gehalten, Beweise dafür gibt es allerdings nicht. Sie folgte Jesus bis unter das Kreuz und ist nach Johannes 20,11–18 die erste Zeugin der Auferstehung. Vom Auferstandenen erhält sie den Auftrag, den Jüngern die Auferstehung Jesu zu verkünden.

Daneben wird von Jesu Freundschaft mit den Schwestern Maria und Martha berichtet. In der Erzählung Lk 10,38–42 unterstützt Jesus Maria, als sie – wie die übrigen männlichen Anwesenden – Jesus zuhört, anstatt ihrer Schwester bei der Küchenarbeit zu helfen. Doch auch Martha spielt eine theologisch wichtige Rolle: Im Johannesevangelium ist sie es, die Jesus als den Messias bezeugt (Joh 11,27):[5] „Ja, Herr, ich glaube, dass du der Messias bist, der Sohn Gottes, der in die Welt kommen soll."

Fra Angelico (um 1395–1455): Noli me tangere (Berühre mich nicht!), um 1441–1445, Fresko, Kloster San Marco, Florenz.

5 In den anderen Evangelien tut dies Petrus (Mt 16,15 f.).

Maria von Magdala und die Schwestern Maria und Martha zeigen, dass Frauen im Kreise Jesu nicht allein hausfrauliche Funktionen hatten, sondern auch theologische: Maria als Lernende, Martha als diejenige, die erkennt und bekennt, wer Jesus ist, und Maria von Magdala als Apostolin, die den auferstandenen Jesus verkündigt.

Es gibt noch weitere Hinweise auf die aktive Rolle der Frauen: Der Evangelist Lukas bezieht relativ konsequent eine weibliche Sichtweise in sein Evangelium mit ein. Die Geburtsgeschichte Jesu beginnt mit der Geschichte Marias und Elisabeths (Lk 1,39–45); Lukas überliefert das Magnifikat, das Loblied der Maria (Lk 1,46–55). Als Jesus im Tempel vorgestellt wird, erwähnt Lukas die Prophetin Hanna (Lk 2,36 ff.) neben Simeon (Lk 2,25 ff.). In seinen Gleichniserzählungen gibt es immer wieder weibliche Hauptpersonen (verlorene Münze Lk 15,8–10; Richter und Witwe Lk 18,2–8).

Da Frauen in Kirche und Gesellschaft auch heute noch oft diskriminiert werden, indem ihnen der Zutritt zu Ämtern vorenthalten oder erschwert wird, ist es wichtig, sich diese frauenfreundlichen Traditionen vor Augen zu führen. Hier wird deutlich, dass Jesus grundsätzlich keinen Unterschied zwischen Männern und Frauen machte. Die Tatsache, dass männliche Aktivität in den biblischen Geschichten im Vordergrund steht, hängt weithin mit der Rolle der Frau in der damaligen Zeit zusammen.

Zusammenfassung: Das Selbstverständnis Jesu

Jesus hatte ein ausgeprägtes **Vollmachts- und Sendungsbewusstsein**, was an seiner Nähe zu Johannes dem Täufer deutlich wird, an der Selbstbezeichnung mit dem Hoheitstitel „Menschensohn“, dem „Ich aber sage euch“ der Antithesen und der Sündenvergebung.

Jesus wollte keine neue Religion stiften, sondern dem **jüdischen Glauben** im Hinblick auf das bald erwartete Gottesreich größere Geltung verschaffen. Dabei wandte er sich vor allem an **Randgruppen der Gesellschaft**, nämlich Sünder und Zöllner.

Auf Jesu Wanderung begleiteten ihn nicht nur die zwölf Jünger, sondern auch andere Menschen, darunter eine Reihe von **Frauen**. Diese Frauen spielen eine wichtige Rolle für Jesus: Sie unterstützen ihn mit Geld, folgen ihm nach und verlassen ihn auch während der Hinrichtung nicht.
Der Auferstandene erscheint zuerst Maria von Magdala und beauftragt sie, die Auferstehung seinen Jüngern zu verkünden.
Das Verhalten Jesu legt nahe, Männer und Frauen – auch in religiösen Angelegenheiten – gleichzubehandeln.

5 Jesu Verkündigung vom Reich Gottes

5.1 Die Reich-Gottes-Vorstellung

Wer ein zentrales Konzept der Verkündigung Jesu verstehen möchte, muss sich zunächst vor Augen führen, was sich mit der Hoffnung auf das Reich Gottes verbindet. Diese Hoffnung wird aus zwei Traditionssträngen gespeist.

- Die Vorstellung, dass Gott wie ein **König** über die Menschen regiert, war im Alten Orient sehr verbreitet und wurde auch in Israel aufgegriffen. Die Menschen glaubten, dass die Könige und ihr Hofstaat ein Abbild des göttlichen Hofstaates seien. Im Gegensatz zu menschlichen Königen wurde **Gott** aber als idealer König gedacht. Wenn Gott mit einem König verglichen wird, geht es darum, seine Macht zu betonen und seine Fähigkeit hervorzuheben, die Welt zu lenken, sie zu erhalten und die Menschen zu versorgen. Als König ist Gott auch oberster Richter und Garant für Gerechtigkeit. Außerdem betont das Bild des Königs Gottes Hoheit und Herrlichkeit, die von den Menschen Verehrung und Anbetung verlangt. Diese Verehrung Gottes als König geschah hauptsächlich im **Tempelkult**.
  Demokratisch geprägten, modernen Menschen mag dieses Bild von Gott zunächst fremd erscheinen. Seine Stärke liegt darin, dass es Sicherheit vermittelt und in Zeiten der Bedrängnis eine Perspektive jenseits menschlicher Machtausübung bietet.
- Nach dem 6. Jahrhundert v. Chr. stand Israel fast ununterbrochen unter politischer Fremdherrschaft (Assyrer, Babylonier, Perser, Griechen, Römer). In dieser Zeit entstanden **apokalyptische Vorstellungen** vom Anbrechen des Gottesreiches. Im apokalyptischen Denken spielen Gegensätze eine große Rolle: Die Welt und vor allem die Fremdherrschaft der Heiden werden als böse empfunden, als Satanswerk. Dagegen ist alles Göttliche gut und erstrebenswert. Dieses Denken in Gegensätzen nennt man **dualistisch** (von lat. *dualis:* zwei enthaltend), typisch dafür sind Wortpaare wie Gott/Satan, gut/böse, Licht/Finsternis oder Himmel/Erde. Die Apokalypsen sprechen von einem Ende der Welt, bei dem diese Gegensätze aufeinandertreffen, Gott in einem Kampf das Böse ein für alle Mal besiegt und eine ewig währende gerechte Herrschaft errichtet.

Wenn zur Zeit Jesu vom Reich Gottes die Rede war, flossen diese Vorstellungen ineinander. Das damalige Leben war schwierig und leiderfüllt, die Lebensbedingungen hart. Die Römer herrschten im Land und verlangten hohe Abgaben und Steuern, durch die viele Menschen unter das Existenzminimum gerieten, während einige wenige davon profitierten. In apokalyptischen Hoffnungen drückten die Menschen ihre Sehnsucht nach einer Veränderung aus, die Gerechtigkeit und ein besseres Leben bringen würde.

Wenn aber mit dem Reich Gottes eine neue, gerechte Herrschaft anbrechen soll, dann müssen zu Beginn dieser Herrschaft Ungerechtigkeiten beseitigt werden. Deshalb verbindet sich mit den Reich-Gottes-Vorstellungen fast immer die Vorstellung vom **Gericht.** Im Angesicht eines nahen Endes der bekannten Welt sind die Menschen dazu aufgefordert, ihr eigenes Handeln zu überdenken und zu verbessern.

Das apokalyptische Denken setzte daher starke, z. T. sehr unterschiedliche Kräfte frei: So zogen sich manche Gruppen wie die Essener in die Wüste zurück, um dort unter asketischen Lebensbedingungen Gott einen Weg zu bahnen (nach Jes 40,3). Andere, wie die Pharisäer, versuchten, die Gesellschaft stärker religiös auszurichten, wiederum andere suchten den bewaffneten Kampf (z. B. Barabbas, der an Jesu statt freigelassen wird, Lk 23,19).

5.2 Die Aspekte „Gegenwart" und „Zukunft" beim Reich Gottes

In Mk 1,15 wird die erste Predigt Jesu mit „Die Zeit ist erfüllt, das Reich Gottes ist nahe. Kehrt um und glaubt an das Evangelium!" wiedergegeben. Es folgen viele weitere Aussagen zum Reich Gottes. Diese Aussagen sind in ihrem Zeitbezug nicht eindeutig; manche verweisen darauf, dass das Reich Gottes für die **Zukunft** zu erwarten ist:

Mk 10,23 Da sah Jesus seine Jünger an und sagte zu ihnen: Wie schwer ist es für Menschen, die viel besitzen, in das Reich Gottes zu kommen!

Mk 10,15 Amen, das sage ich euch: Wer das Reich Gottes nicht so annimmt, wie ein Kind, der wird nicht hineinkommen.

Lk 11,2b Vater, dein Name werde geheiligt, dein Reich komme.

Mt 21,31 ... Zöllner und Dirnen gelangen eher in das Reich Gottes als ihr.

Andere Aussagen betonen, dass das Reich Gottes **bereits angebrochen** ist:

Mk 2,19–20 Können denn die Hochzeitsgäste fasten, solange der Bräutigam bei ihnen ist? Solange der Bräutigam bei ihnen ist, können sie nicht fasten. Es werden aber Tage kommen, da wird ihnen der Bräutigam genommen sein; an jenem Tag werden sie fasten.[6]

6 Mit „Bräutigam" meint Jesus hier sich selbst.

Lk 17,21 Man kann auch nicht sagen: Seht, hier ist es!, oder: Dort ist es! Denn: Das Reich Gottes ist (schon) mitten unter euch.

Mt 12,28 Wenn ich aber Dämonen durch den Geist Gottes austreibe, dann ist das Reich Gottes schon zu euch gekommen.

Jesu Bezug auf das Reich Gottes wird unter dem Fachbegriff „**Eschatologie**" (von griech. *eschaton:* das Äußerste, das Letzte) erfasst, weil es hier um die Dinge geht, die am Ende der Welt geschehen. Dementsprechend heißt die Erwartung eines zukünftigen Reiches Gottes **futurische Eschatologie** (von lat. *futurum:* zukünftig; Zukunft), die Rede vom gegenwärtigen Reich Gottes **präsentische Eschatologie** (von lat. *praesens:* gegenwärtig; Gegenwart).

In Jesu Verkündigung finden sich sowohl Elemente präsentischer als auch futurischer Eschatologie. Nach Jesu Predigt ist das Reich Gottes **bereits angebrochen,** wird aber auch **für die Zukunft erwartet**. Es gibt verschiedene Modelle, wie diese paradoxe Aussage erklärt werden kann.

- Es ist denkbar, dass in der **Person Jesu** bereits das gegenwärtig ist, was die Menschen in Zukunft erwarten können.
- Die Verschränkung von Gegenwart und Zukunft lässt sich auch so erklären, dass Jesu Erwartung des zukünftigen Gottesreiches bereits **Auswirkungen auf die Gegenwart** hat, d. h. Jesu Glaube an das zukünftige Gottesreich war so stark, dass sich dadurch die Gegenwart veränderte, d. h. die Auswirkungen des Gottesreiches schon spürbar waren.
- Schließlich ist es auch möglich, sich das Reich Gottes nicht zeitlich, sondern **räumlich** vorzustellen. Dieser Ort kann schon jetzt existieren, wird aber in Zukunft größer werden.

5.3 Die Reich-Gottes-Gleichnisse Jesu

Jesus beschreibt das Gottesreich mithilfe einer besonderen, bildlichen Redeform, den **Gleichnissen**. Die Bezeichnung „Gleichnis" wird aus dem Beginn vieler Gleichnisse abgeleitet. „Und er sagte ihnen ein Gleichnis ..." (z. B. Lk 12, 16; 13,6). Gleichnisse sind erzählte Bilder, die veranschaulichen sollen, wie das Reich Gottes ist. Jesus wählt diese Redeweise, weil das Reich Gottes, das nicht von dieser Welt ist, sich nicht direkt beschreiben lässt.

In der Exegese (von griech. *exegesis:* Auslegung, Erklärung, Deutung) werden die Gleichnisse meist weiter unterteilt in Bildworte, Gleichnisse im engeren Sinn, Parabeln und Beispielerzählungen.

- Ein **Bildwort** umfasst meist nur einen Satz, der einen Sachverhalt bildhaft umschreibt, so Mt 24,28: „Wo das Aas ist, da sammeln sich die Geier."
- Ein **Gleichnis im engeren Sinn** ist ausführlicher gestaltet als ein Bildwort und schildert Alltägliches, wie die Gleichnisse vom Senfkorn und vom Sauerteig (Lk 13,18–21).
- In einer **Parabel** geht es meist um einen ungewöhnlichen Einzelfall, der bei den Zuhörenden kontroverse Reaktionen hervorruft. Parabeln führen zum Nachdenken und zur Verhaltensänderung, z. B. die Parabel von den klugen und törichten Jungfrauen (Mt 25,1–12).
- **Beispielerzählungen** gibt es im Neuen Testament nur bei Lukas. Es handelt sich hierbei weniger um eine bildliche Rede als um die Schilderung eines bestimmten Sachverhalts mithilfe eines konkreten Beispiels. So ist das sogenannte Gleichnis vom barmherzigen Samariter (Lk 10,30–37) eigentlich eine Beispielerzählung.

Im Folgenden werden Gleichnis im engeren Sinn, Parabel und Beispielerzählung unter dem Schlagwort „Gleichnis" subsumiert, weil es hier um die grundsätzlichen Gemeinsamkeiten dieser Redeform geht.

Die meisten Reich-Gottes-Gleichnisse finden sich in **Mt 13, Lk 13–15** und **Mk 4**. In ihnen wird das Reich Gottes mit Dingen verglichen, die den damaligen Menschen bekannt waren: mit der Saat eines Sämanns (Mk 4,1–9), einem Sauerteig und einem Senfkorn (Lk 13,18–21), einem Schatz (Mt 13,44–46), einem Gastmahl (Mt 22,1–14), der Hirtentätigkeit (Lk 15,3–7), mit rebellierenden Söhnen (Lk 15,11–32) und mit schlitzohrigen Verwaltern (Lk 16, 1–8).

Außer den Gleichnissen Jesu ist uns aus dem Judentum eine Reihe weiterer, rabbinischer Gleichnisse überliefert. Jesus ist also nicht der „Erfinder" der Gleichnisrede, er griff diese Tradition auf und verwendete sie, um seine Botschaft zu vermitteln.

Die Auslegung der Gleichnisse

- **Allegorische Auslegung:** Trotz der Verwendung von Bildern aus dem alltäglichen Bereich wurden die Gleichnisse von Jesu Zuhörern als Rätselrede empfunden, die der Auslegung bedarf. Eines der bekanntesten, das Gleichnis vom Sämann (Mt 13,1–9), wird von Jesus selbst ausgelegt (Mt 13,18–23).
  Jesus berichtet von einem Sämann, dessen Saat zum Teil von den Vögeln gefressen wird, anderes zu wenig Erde hat, um langfristig aufzugehen, anderes von Dornen erstickt wird, dessen restliche Saat aber in guter Erde aufgeht und vielfach Früchte trägt.

Jesus deutet dieses Bild: Die Saat ist das Wort vom Reich Gottes.
Wenn das Wort in ein böses Herz fällt, wird es dort gleich herausgerissen, so wie die Vögel die Saat fressen.
Wenn das Wort auf kurzfristige Begeisterung stößt, die aber bald nachlässt, dann ist es wie der Same, der nicht genug Erde zum Wachsen hat.
Wenn das Wort über den Sorgen des Geldverdienens kein Gewicht hat, ist es wie der Same, der von den Dornen erstickt wird.
Wer aber das Wort hört und versteht, der wird Frucht bringen wie der Same, der auf gutes Land fällt.

Diese Art der Gleichnisauslegung nennt man „**allegorisierend**" (von griech. *allegoreo:* anders, d. h. bildlich reden bzw. erklären. Allegorie nennt man die fassbare, bildliche, meist personifizierende Darstellung einer an sich abstrakten Sache): Jedem Detail der Erzählung (**Bild**hälfte) wird eine **Sach**erklärung zugeordnet: Die Saat steht für das Wort, die Dornen für die Sorgen usw. Diese Art der Auslegung wurde im Christentum bis zum Ende des 19. Jahrhunderts hauptsächlich praktiziert. Die Auslegungen wurden immer raffinierter und passten sich den theologischen Entwicklungen an. Um Gleichnisse zu verstehen, musste man sich gut in der christlichen Theologie auskennen.
Ende des 19. Jahrhunderts machte der Forscher Adolf Jülicher dieser Art der Auslegung ein Ende. Er argumentierte, dass Jesu Publikum aus einfachen Leuten bestand und dass Jesu Rede dementsprechend verständlich gewesen sein muss; der hohe Alltagsbezug sei dafür ein Indiz.

- **Ausdeutung mithilfe des zentralen Vergleichspunktes:** Anstatt jedem Element der Bildhälfte eine Sacherklärung zuzuordnen, wurde nach der neuen Auslegungsmethode von Adolf Jülicher in jedem Gleichnis *ein* zentraler Vergleichspunkt (das sogenannte *tertium comparationis,* lat. „das verbindende Dritte des Vergleichs") gesucht, mit dessen Hilfe das Gleichnis hinreichend ausgelegt werden kann. Jede weitere Deutung führt zu einer Überinterpretation.
Das Gleichnis vom Senfkorn (Mk 4,30–32) spricht z. B. vom Reich Gottes als einem kleinen Samen, der zu einem großen Baum wird (Bildhälfte). Sachlich steht dahinter die Vorstellung der Größenordnung. Der Vergleichspunkt ist also die Größe. Die Auslegung orientiert sich daran: Das Gottesreich beginnt zwar klein, wird aber später groß.
Diese Methode erwies sich als theologisch sehr fruchtbar und wurde gut 60 Jahre lang in der Bibelauslegung praktiziert. Allerdings lässt diese Methode außer Acht, dass in der Bibel immer wieder berichtet wird, Jesu Rede sei

rätselhaft und nicht für alle verständlich (z. B. Mk 4,13). Als Theologen begannen, die Erkenntnisse der modernen Sprachwissenschaft über bildliche Sprachformen – Tropen (von griech. *tropos* „(Hin-)Wendung, Richtung": Sprachbild, Gebrauch im übertragenen Sinne) – aufzugreifen, entwickelte sich eine komplexere Art der Auslegung, in der das Gleichnis mehr und mehr mit der bildlichen Redeform, insbesondere der Metapher, verglichen wurde.

- **Gleichnisse als Metaphern:** Die Metapher fällt in die Kategorie der **bildlichen Redeweise** und ist zunächst ein Vergleich ohne das Vergleichswort „wie". Eine berühmte Metapher ist die Aussage des Philosophen Hobbes: „Der Mensch ist des Menschen Wolf". Ein weiteres Beispiel für metaphorischen Sprachgebrauch ist der Ausdruck: „Sein Herz entbrannte vor Liebe". Metaphern wollen keinen eindeutigen Vergleich herstellen; wer die Metapher hört, muss für sich selbst die Schnittmenge der nebeneinandergestellten Begriffe finden. Je **ungewöhnlicher** die Nebeneinanderstellung ist, desto mehr beflügelt sie unsere Fantasie.
  Durch die Verwendung von Metaphern lassen sich Dinge origineller und vielschichtiger beschreiben. Manche Metaphern öffnen uns erst die Augen für eine neue Sichtweise der beschriebenen Sache. In der Sprache der Metapherntheorie ausgedrückt bedeutet das: **Metaphern wirken**.
  Eine Metapher genau zu übersetzen, ist nicht möglich. Wer versucht, das „vor Liebe entbrannte Herz" in sachlichen Worten wiederzugeben, wird merken, dass das Bild und eine gewisse Spannung verloren gehen: Ein verliebter Mensch empfindet ein sehr starkes Gefühl, das mit einem Feuer verglichen werden kann.
  Auf die Gleichnisse angewendet heißt dies: Es kann in der Auslegung nicht darum gehen, einen Vergleichspunkt zu finden und das Gleichnis so zu „übersetzen". Vielmehr muss das Gleichnis als eine **kreative Sprachfigur** gesehen werden, die wirken will: Das Gleichnis will unsere Sichtweise vom Reich Gottes erweitern, es will uns in einen kreativen **Prozess des Nachdenkens** mit hinein nehmen und uns neue Bilder und Ideen über das Reich Gottes vermitteln.
  Das heißt, die moderne Auslegung des Gleichnisses vom Senfkorn würde dieses nicht einfach auf den Gegensatz „klein – groß" reduzieren, sondern das Bild ausmalen, sich das Senfkorn, sein Wachstum und den Baum, in dem die Vögel singen, vorstellen: Dieses **gesamte Bild** spiegelt das Reich Gottes wider – ist aber gleichzeitig keine vollständige Beschreibung desselben.

Die Arbeiter im Weinberg (Mt 20,1–16) als Beispiel für Gleichnisauslegung

Arbeiter im Weinberg,
Miniatur im Stundenbuch von Rohan, 15. Jh.

Das Bild vom Senfkorn ist relativ leicht verständlich, andere Gleichnisse sind schwerer zu verstehen, wie das Gleichnis von den Arbeitern im Weinberg (Mt 20,1–16). In diesem Gleichnis wird gegen das Prinzip „gleicher Lohn für gleiche Arbeit" verstoßen. Das Gleichnis verletzt unser Gerechtigkeitsempfinden; wer es auslegt, versucht unwillkürlich, das offensichtlich ungerechte Verhalten des Weinbergbesitzers zu rechtfertigen. Dies geschieht schon in der Bibel selbst: „Die ersten werden die letzten sein ..." (Mt 20,16) kommentiert, dass im Himmelreich menschliche Werte umgekehrt werden. Gerecht erscheint uns das aber nur, wenn auf diese Weise ein erlittenes Unrecht kompensiert wird.

- Der **Arbeitslohn** als Erklärung: In der Exegese wurde die im Gleichnis beschriebene Ungerechtigkeit aufgelöst durch die **sozialgeschichtliche Erkenntnis**, dass der Arbeitslohn, den die Arbeiter bekamen, gerade ausreichte, um eine vierköpfige Familie einen Tag lang zu ernähren. Hätten die Arbeiter, die weniger gearbeitet hatten, entsprechend weniger Lohn bekommen, hätten sie ihre Familie nicht ernähren können. Also ist der Weinbergbesitzer doch gerecht, wenn er diese Leute nicht hungern lässt!

- Die **urchristliche Gemeindesituation:** Eine weitere Auslegung legt nahe, dass sich das Gleichnis an die urchristliche Gemeinde richtete, deren Mitgliederzahl immer mehr wuchs. Es könnte sein, dass eine Konkurrenzsituation zwischen alten und neuen Mitgliedern bestand. Das Gleichnis würde dann besagen, dass die **Dauer der Mitgliedschaft** in einer christlichen Gemeinde für eine Aufnahme in das Reich Gottes **unerheblich** ist.
- **Metaphorische Auslegung:** Einerseits sind die beiden geschilderten Erklärungen sehr befriedigend, denn sie zeigen, warum der Besitzer des Weinberges, den wir mit Gott identifizieren, gerecht handelt. Andererseits bleiben Bedenken: Das Gleichnis selbst sperrt sich gegen eine solche Auslegung. Der Erzählgang macht nicht einsichtig, warum der Weinbergbesitzer gütig sein soll. Er selbst gibt keine weitere Erklärung ab. Die abschließenden Reaktionen der Arbeiter bleiben offen.
  In einer metaphorischen Auslegung wird diese Spannung zwischen Gerechtigkeit und Ungerechtigkeit nicht mehr aufgelöst, weil sie Teil des Gleichnisses ist. Sie führt zu der Erkenntnis, dass das Himmelreich alle Komponenten der Erzählung enthalten kann: harte Arbeit, neue Kollegen, Überraschung über einen großzügigen Lohn, Enttäuschung über weniger große Anerkennung, Zurechtweisung und Verwunderung über die Maßstäbe, die angelegt werden, ebenso wie das Versprechen, dass sich hinter diesen Maßstäben keine Ungerechtigkeit verbirgt.
  Das Gleichnis verdeutlicht, dass sich hinter der Reich-Gottes-Predigt Jesu kein naives Bild des alle beglückenden Himmelreiches verbirgt, sondern dass es durchaus ambivalente Gefühle bei den Menschen auslösen kann. Wenn Gott tatsächlich herrscht, dann gelten die üblichen Maßstäbe der menschlichen Gerechtigkeit nicht mehr. Eine Umorientierung ist nötig, die Menschen schwerfallen kann. Das Gleichnis berücksichtigt dies, fordert aber gleichzeitig zu dieser Neuorientierung auf.

Zusammenfassung: Jesu Verkündigung vom Reich Gottes

Hinter den Reich-Gottes-Erwartungen steht die **Erfahrung einer ungerechten Welt** und die Erkenntnis, dass es den Menschen alleine nicht möglich ist, für wirklich gerechte Lebensbedingungen für alle zu sorgen.

Zur Zeit Jesu verbinden sich zwei Gedanken mit dem Reich Gottes:

- zum einen die Einsicht, dass allein Gott ein gerechter und fürsorglicher Herrscher sein kann,
- zum anderen die apokalyptische Vorstellung, dass Gott das Böse der Welt besiegt und sein Reich errichtet; die Vernichtung des Bösen schließt die Vorstellung eines Gerichtes mit ein, das für Gerechtigkeit sorgt.

Nach der Verkündigung Jesu ist das Reich Gottes „**schon**" angebrochen, aber „**noch nicht**" vollendet. Daher erwarten Christen die Ankunft des Reiches Gottes in der Zukunft, meinen aber, dass es bereits in der Gegenwart Wirkung zeigt.

Das **Reich Gottes** wird von Jesus meist in bildlicher Rede, in sogenannten **Gleichnissen** beschrieben. Gleichnisse lassen sich unterteilen in Bildworte, Gleichnisse im engeren Sinn, Parabeln sowie Beispielerzählungen und greifen meist einen alltäglichen Sachverhalt aus dem Leben der Zuhörenden auf.

- Bei der **allegorischen Auslegung** der Gleichnisse wird jedes Detail der Bildhälfte auf der Sachhälfte erklärt.
  Die allegorische Auslegung gilt seit Beginn des 20. Jahrhunderts als überholt.
- In der Gleichnisauslegung des 20. Jahrhundert werden Bild- und Sachhälfte nicht mehr Punkt für Punkt aufeinander bezogen. Es wird vielmehr nach **einem abstrakten Vergleichspunkt** gesucht, mit dessen Hilfe sich das Gleichnis interpretieren lässt.
- Die neuere Gleichnisforschung sieht im Gleichnis eine Art **Metapher**. Eine einseitige Auslegung ist nicht möglich. Vielmehr stehen die Bilder, die Gleichnisse vermitteln, und ihre Wirkung auf die Zuhörer im Mittelpunkt des Interesses. Gleichnisse sind kreative Sprachfiguren, die zu immer neuem Nachdenken anregen. An die Stelle einer einleuchtenden Erklärung tritt bei der metaphorischen Auslegung ein **komplexes Bild**, das dem Thema „Reich Gottes" sehr viel angemessener erscheint.

6 Die Wunder Jesu

Die Geschichtswissenschaft beschreibt den historischen Jesus oft als Prediger, Lehrer und Wundertäter. Von diesen Tätigkeiten bereiten uns die Wunder die größten Probleme. Nach unserem modernen Verständnis sind die physikalischen und biologischen Abläufe der Welt durch gesetzmäßige Vorgänge geregelt. Wunder durchbrechen diese Gesetzmäßigkeiten. Der Glaube an Wunder relativiert die Naturgesetze; deshalb stoßen Wunder heute grundsätzlich auf Skepsis.

Wer die Naturgesetze für unumstößlich hält, der wird die Wunder Jesu nicht glauben können und eine mit den Naturwissenschaften verträgliche Erklärung zu finden suchen. Auf der anderen Seite gibt es Menschen, für die gerade die Wunder Jesu ein Beweis seiner Göttlichkeit sind, weil nur Gott die Naturgesetze durchbrechen kann.

Beide Haltungen sind Extreme, die einer sachlichen Überprüfung nicht standhalten.

6.1 Historische Perspektive

In den letzten zweitausend Jahren hat sich das Leben und Denken der Menschen radikal verändert. Wer verstehen will, was Wunder zur Zeit Jesu bedeuteten, darf nicht von unserem heutigen Denken ausgehen, sondern muss zunächst das Denken der Zeit Jesu kennenlernen.

Das **moderne Weltbild** geht davon aus, dass sich die Erscheinungen der Natur kausal (von lat. *causa:* „Grund, Ursache", ursächlich, logisch zwingend) erklären lassen. Die Existenz übernatürlicher Mächte wird von einer naturwissenschaftlichen Untersuchung *per definitionem* ausgeschlossen. Wenn wir von Wundern reden, meinen wir meist Ereignisse, die nicht im Einklang mit unseren Erkenntnissen der Naturgesetze stehen. Normalerweise gehen wir davon aus, dass diese wundersamen Ereignisse grundsätzlich erklärbar sind, die Wissenschaft jedoch noch nicht so weit ist. Das heißt, Wunder müssen heutzutage kein Beweis für die Existenz einer überirdischen Welt sein, sie sind allenfalls Hinweise dafür, dass die Natur komplexer ist als bisher erforscht.

Das **antike Weltbild** dagegen sieht in der Natur keinen geschlossenen, kausal erklärbaren Regelkreislauf. Die Menschen hatten zwar Kenntnis von den Gesetzmäßigkeiten in der Natur (z. B. Sternenläufe, Nilhochwasser, Erntezeiten usw.), aber diese galten als von Göttern und Dämonen beeinflussbar. So wurden oft Dämonen als Ursache von Krankheiten angesehen, auch wenn der Verlauf bestimmter Krankheiten schon gesetzmäßig beschrieben worden war.

Wunder wurden daher für etwas Ungewöhnliches, aber durchaus nicht Unmögliches gehalten – nämlich für ein Eingreifen überirdischer Mächte in das menschliche Leben. Auch damals galten sie nicht als Beweis für die Existenz überirdischer Kräfte, denn diese wurde vorausgesetzt. Vielmehr fragten sich die Menschen damals, ob es gute oder böse Mächte waren, die ein Wunder ermöglichten.

Es gilt historisch als gesichert, dass die Menschen Jesus als Wundertäter erlebten, auch wenn einzelne Wundererzählungen nicht auf historischen Tatsachen beruhen mögen (so z. B. Jesu Gang auf dem Wasser, Mk 6,45–52).

Evangeliar Ottos III., Die Heilung des Aussätzigen, um 1000.

Neben Jesus gab es noch andere Wundertäter, von denen ähnliche Heilungen (bis hin zur Totenauferweckung, z. B. bei Apollonios von Tyana[7], ca. 4–96 n. Chr.) berichtet werden. Jesus war daher in dieser Hinsicht nicht einzigartig. Die Menschen hielten Jesus nicht deshalb für den Sohn Gottes, weil er Wunder tat, sondern weil die **Gesamtheit seines Auftretens**, seine Predigten, seine Ausstrahlung, seine Handlungen (zu denen auch Wunder gehörten), sein Tod und seine Auferstehung dafür sprachen.

7 Philostratos: Vita Apollonii IV,45.

Aus historischer Perspektive geht die Forschung davon aus, dass Jesus eine besondere Ausstrahlung hatte, ein sogenanntes „Charisma“ (von griech. *charisma:* „Gnadengabe“), das auf die Menschen wirkte. Im Einklang mit heutigen naturwissenschaftlichen Erkenntnissen werden die Heilungen, die Jesus vollbrachte, psychologisch erklärt, ähnlich dem „Placebo“-Effekt in der Medizin.

Daneben gibt es Spekulationen, dass Jesus sich sogenannter „paranormaler“ Kräfte bedient hat. Als „paranormal“ bezeichnet man Kräfte, die anders strukturiert sind als die heute bekannten, und die von der Naturwissenschaft (noch) nicht erfasst werden können.

Die Versuche, genau zu erklären, wie die Wunder Jesu vor sich gingen, verstellen jedoch den Blick auf die wesentlich wichtigeren Fragen, welche Absicht hinter Jesu Wundern steckte und was sie über ihn und seine Sendung aussagen.

6.2 Theologische Perspektive

Wunder sind spektakulär, sie regen die Fantasie an, wecken Hoffnung und machen den Wundertäter bekannt. Trotzdem sind die Wunder Jesu nur ein kleiner Teil seines irdischen Handelns und müssen im Zusammenhang mit seiner sonstigen Verkündigung gesehen werden. Die Wunder sind nicht die primäre Botschaft Jesu, sondern lediglich ihre Illustration.

Mithilfe seiner heilenden Tätigkeit demonstriert Jesus seine **Vollmacht** und **Gottesnähe** und verleiht seinen Worten Nachdruck. Die meisten seiner Wunder sind Heilungen, daneben spielen die Brotvermehrung und die Rettung aus Bedrängnis eine Rolle. Es gibt **Heilungswunder**, die für historisch plausibel gehalten werden; diese werden oft wie folgt klassifiziert:[8]

- **Exorzismen** sind Heilungen, in denen Jesus in einer Art Kampf Dämonen austreibt (z. B. Mk 7,31–35: Heilung eines Taubstummen. Jesus stöhnt und befiehlt den Ohren, sich aufzutun: *„effata“*). Für die Menschen damals war nicht eindeutig zu klären, ob Jesus Dämonen aufgrund göttlicher oder satanischer Vollmacht austreiben kann. Uns heute ist diese Art der Heilung fremd.
- **Therapien** sind Heilungen, die durch eine (unbewusste) Übertragung der Kräfte Jesu geschehen. Dämonen spielen hier keine Rolle (z. B. die Heilung der blutflüssigen Frau durch Berührung Mk 5,24–34).

8 Nach Gerd Theißen / Annette Merz: Der historische Jesus, Vandenhoeck & Ruprecht: Göttingen ²1997, S. 265–269.

Die Berichte von den folgenden Wundern scheinen stärker unter dem Eindruck der österlichen Ereignisse entstanden zu sein, ihre Historizität ist umstritten:

- Bei **Geschenkwundern** erhalten Menschen wundersame Gaben, so z. B. bei der Speisung der 4000 (Mt 15,32–39), dem wunderbaren Fischzug (Lk 5,1–11) oder der Hochzeit zu Kana (Joh 2,1–11).
- **Rettungswunder** schildern die unerwartete Rettung aus Bedrängnis, so die Sturmstillung (Mk 4,35–41).
- Am Ende der biblisch geschilderten Wirksamkeit Jesu stehen die **Epiphanien** (von griech. *epiphaneia:* Erscheinung), in denen der auferstandene Christus den Jüngern erscheint (z. B. Mk 16, 9–20).

Die Wunder Jesu sind als **Zeichenhandlungen** zu verstehen. Sie gehen dabei in verschiedene Richtungen:

So zeigen die Heilungen zunächst **Gottes Nähe** (Mk 7,31–37), wie es bereits im Alten Testament berichtet wird: „Ruft den verzagten Herzen zu: Fasst wieder Mut. Habt keine Angst! Hier kommt euer Gott! [...] Dann können die Blinden wieder sehen und die Tauben hören." (Jes 35,4 f.) Daneben veranschaulichen sie Jesu **Predigt vom Reich Gottes** (Mk 6,30–44). In den Wundern wird vorweggenommen, was die Menschen beim Anbruch des Reiches Gottes erwartet: Sie werden geheilt und gesättigt.

Zudem zeigen die Wunder die **Rolle des Glaubens** (Mt 15,21–28; Lk 7, 1–10; Mk 6,1–6): Die Frau aus Kanaa und der römische Hauptmann erhalten Jesu Hilfe aufgrund ihres Glaubens, bei den ungläubigen Bekannten in Nazareth kann Jesus seine Kräfte nicht entfalten.

Zusammenfassung: Die Wunder Jesu

Das **antike Weltbild** kannte das Eingreifen überirdischer Mächte in das menschliche Leben. Daher waren für die Menschen zur Zeit Jesu Wunder ungewöhnliche, aber nicht unmögliche Ereignisse.

Das **moderne Weltbild** rechnet nicht mehr mit der Existenz überirdischer Mächte, deshalb sind Wunder im antiken Sinne heute nicht mehr möglich. Allerdings verstellt die Suche nach rationalen Erklärungen für die Wunder Jesu den Blick auf die wesentliche Frage nach der Intention Jesu.

Das Neue Testament berichtet von den Wundern Jesu, um dessen **Nähe zu Gott** zu verdeutlichen, um das **Reich Gottes** zu veranschaulichen und die **Rolle des Glaubens** zu betonen.

7 Die Bergpredigt

Die vorigen Abschnitte haben gezeigt, dass im Zentrum der Verkündigung Jesu das Reich Gottes steht. Seine Zuhörerinnen und Zuhörer erhofften eine neue, von Gott veränderte Welt. Gleichnisse beschrieben etwas von dieser Welt und Wunder ließen diese Welt bereits spürbar werden. Doch wer auf eine Veränderung der Welt hofft, hofft auch auf die Veränderung des eigenen Lebens. In seiner **ethischen Lehre** beschreibt Jesus seinen Zuhörerinnen und Zuhörern, welches **Verhalten** zum Glauben an die neue Welt gehört. Das Matthäusevangelium fasst in den Kapiteln 5 bis 7 die ethische Lehre Jesu in der sogenannten **Bergpredigt** zusammen, Lukas hat parallel dazu die sogenannte **Feldrede** (Lk 6,20–49).

7.1 Der Aufbau der Bergpredigt

Laut Matthäus 5,1 f. sprach Jesus von einem Berg aus zu einer großen Menschenmenge. Daher hat die „Bergpredigt" ihren Namen.

Die Bergpredigt beginnt mit den **Seligpreisungen** (Mt 5,3–12): „Selig sind ..." Dort wird die „Zielgruppe" des Reiches Gottes genannt und ermutigt: Arme, Trauernde, Gewaltlose, ungerecht Behandelte, Barmherzige, Friedensstifter und um der Gerechtigkeit willen Verfolgte werden im Himmelreich Trost erfahren.

Der nächste größere Themenblock umfasst die sogenannten **Antithesen** (Mt 5, 21–48): „Ihr habt gehört ..., *ich aber* sage euch ..." Hier findet eine Auseinandersetzung Jesu mit religiösen Regeln seiner Zeit statt, er setzt seine eigene Interpretation dagegen (von griech. *antitithemi:* gegenüber-, dagegenstellen). Jesu Regeln gipfeln in dem Gebot der **Feindesliebe** (Mt 5,44).

Am Anfang von Kapitel 6 geht es Jesus um die Vermeidung prahlerischer religiöser Gesten beim Spenden, Beten und Fasten. Im Zentrum steht das **„Vaterunser"** (Mt 6,9–13) als *das* Gebet der Christenheit.

Im weiteren Verlauf führt Jesus seinen Hörerinnen und Hörern vor Augen, dass sie sich zwischen Gott und dem **Mammon** (d. h. dem weltlichen Besitz, Geld) entscheiden müssen. Es folgen weitere Verhaltensregeln, vor allem in Kapitel 7,12 die sogenannte **„Goldene Regel"**:

Mt 7,12 Alles, was ihr von anderen erwartet, das tut auch ihnen! Darin besteht das Gesetz und die Propheten.

7.2 Sinn und Bedeutung der Bergpredigt

Die Bergpredigt spiegelt eine sehr radikale Ethik wider. Im Zentrum dieser Ethik steht die „bessere Gerechtigkeit“. Jesus erklärt seinen Zuhörern: „Wenn eure Gerechtigkeit nicht weit größer ist als die der Schriftgelehrten und der Pharisäer, werdet ihr nicht in das Himmelreich kommen.“ (Mt 5,20) Das erscheint uns heute nicht allzu schwer, da bei uns Pharisäer mit dem Image von Heuchlern und Betrügern behaftet sind.[9] In Wirklichkeit aber haben sich gerade die Pharisäer ernsthaft um die Erfüllung der Gebote Gottes bemüht. Ihr Anliegen war es, Gottesdienst und Gerechtigkeit im Alltag zu verwirklichen. Sie genossen damals zu Recht ein ähnliches Ansehen wie bei uns beispielsweise Mutter Teresa. In unsere Zeit übertragen, fordert Jesus die Menschen also auf, sich noch mehr einzusetzen als z. B. Mutter Teresa.

Dieser sehr hohe Anspruch der Bergpredigt ist aber für die meisten Menschen unerfüllbar. Vor allem in den Antithesen stellt Jesus eher alltägliches Verhalten auf eine Ebene mit dem Gesetzesbruch. Es geht eben nicht um gewöhnliche Gerechtigkeit, sondern um eine weiterreichende, besondere Gerechtigkeit. So setzt Jesus Beschimpfungen mit Mord gleich. Nicht nur Töten ist verboten, sondern schon wer zu seinem Mitmenschen „Du Trottel“ sagt, hat sich des Mordes schuldig gemacht (5,21 f.). Ebenso ist es mit Ehebruch: Ein Blick oder der Gedanke alleine genügt schon (5,27 f.). Auch durchaus akzeptierte Handlungen wie Ehescheidung und Schwören werden verboten (5,31–37). Der Höhepunkt der Antithesen liegt in der Aufforderung zum völligen Gewaltverzicht (5,39) und zur Feindesliebe (5,44).

Häufig lehnen Menschen den Anspruch der Bergpredigt mit der Begründung ab, dass man mit einer solchen Gewaltlosigkeit und Feindesliebe in unserer Gesellschaft nicht bestehen kann. Dabei ist zu bedenken, dass es Jesus nicht um „ganz normale Gerechtigkeit“ geht – eine Gerechtigkeit, die sich an die allgemeingültigen Grundsätze hält, nämlich daran, was wir „gehört haben“ (z. B. Mt 5,21). In der Bergpredigt geht es um eine Gerechtigkeit, die das normale menschliche Leben übersteigt, die den Menschen auf das Reich Gottes vorbereitet.

Mit diesen beinahe unerfüllbaren Forderungen will die Bergpredigt zwei Signale aussenden: Zum einen will sie Menschen aus falschen Sicherheiten aufrütteln. Wer denkt, er verhalte sich im Großen und Ganzen richtig, weil er sich keine offenen Verstöße gegen geltendes Recht zuschulden kommen lässt, soll nachdenklich gemacht werden. Zum anderen will sie Impulse setzen, unser Handeln an der besseren Gerechtigkeit auszurichten.

9 Vgl. Mt 3,7 „Schlangenbrut“; Mt 23,1–36: Worte gegen die Pharisäer.

Das kann auch in der heutigen Welt wichtig werden: Ethnische Konflikte wie im ehemaligen Jugoslawien lassen sich nicht mit dem sogenannten Talionsrecht (von lat. *talio:* Wiedervergeltung eines Körperschadens; Gleiches mit Gleichem vergelten) bewältigen. Langfristig helfen hier tatsächlich nur Gewaltverzicht und Feindesliebe. In Südafrika wurde mit der Wahrheitskommission ein Teil der Bergpredigt verwirklicht. Sie entstand aus der Erkenntnis, dass das Unrecht der Apartheidzeit zu groß ist, als dass es durch menschliche Rechtsprechung gesühnt werden könnte. Wer vor der Wahrheitskommission seine konkrete Schuld benannte, dem wurde die Strafe erlassen. Natürlich zeigten sich auch bei der Wahrheitskommission übliche menschliche Schwächen, doch wurde sie trotz allem zu einem Instrument, das ein neues, friedliches Miteinander in die Wege leitete.

Geistliche Studenten des Ave-Maria-Collegiums, Paris, verteilen Essen und Schuhe an die Armen, Handschrift aus dem 14. Jahrhundert.

7.3 Bricht Jesus in der Bergpredigt mit dem Judentum?

In älteren Lehrbüchern ist noch zu lesen, dass Jesus in der Bergpredigt – vor allem in den Antithesen – mit dem Judentum breche und neue religiöse Wege beschreite. In den Antithesen habe Jesus die Gebote des jüdischen Gesetzes, der Tora, („Ihr habt gehört, dass ...") überboten und damit letztlich außer Kraft gesetzt. Diese These ist heute überholt.

Seitdem sich die Wissenschaft eingehender mit jüdischer Theologie zur Zeit Jesu beschäftigt, wird deutlich, dass Jesu Verkündigung durchaus im Rahmen jüdischer Theologie bleibt. In diesem Sinne spricht Jesus selbst in der Bergpredigt:

Mt 5,17 Denkt nicht, ich sei gekommen, das Gesetz und die Propheten aufzuheben. Ich bin nicht gekommen, um aufzuheben, sondern um zu erfüllen.

18 Amen, das sage ich euch: Bis Himmel und Erde vergehen, wird auch nicht der kleinste Buchstabe des Gesetzes vergehen, bevor nicht alles geschehen ist.

Die in den Antithesen erwähnten Gebote („Ihr habt gehört, dass ...") spiegeln zudem nicht immer Gebote der Tora wider. Vor allem die Aufforderung, seine Feinde zu hassen (Mt 5,43), lässt sich für das Alte Testament nicht belegen. Jesus scheint hier eine Tradition aufzugreifen, die gerade nicht charakteristisch für das Judentum ist – eher für menschliche Aggressivität im Allgemeinen.

Zusammenfassung: Die Bergpredigt

Wesentliche Bestandteile der Bergpredigt sind die **Seligpreisungen**, die **Antithesen**, das **Vaterunser** und die „**Goldene Regel**".

Die Bergpredigt spiegelt den **radikalen Anspruch** der besseren Gerechtigkeit wider, in deren Zentrum die **Feindesliebe** und die **Gewaltlosigkeit** stehen.
Dieser Anspruch wird sich in unserer Welt nie vollständig verwirklichen lassen, es wird aber auch nicht möglich sein, sich auf bereits Erreichtem auszuruhen. Die Radikalität der Forderungen führt dazu, dass sich Menschen immer wieder angespornt fühlen, wenigstens einen Teil dieser Ethik zu erfüllen.

Wenn Jesus in der Bergpredigt die bessere Gerechtigkeit fordert, geht es nicht um eine Konkurrenz zur Tora, sondern um eine umfassende **Auslegung** jüdischer religiöser Regeln.

Tod und Auferstehung

1 Der Tod Jesu

Die Evangelien berichten übereinstimmend, dass Jesus von Nazareth nach kurzer öffentlicher Wirksamkeit von den Römern gekreuzigt wurde. Die Kreuzigung Jesu unter Pontius Pilatus ist eine historische Tatsache, die genauen Gründe seiner Verurteilung können nur indirekt aus den Evangelien geschlossen werden.

1.1 Die Berichte der Evangelien

Während die synoptischen Evangelien und das Johannesevangelium in ihrer Darstellung des Lebens Jesu voneinander abweichen, zeigen ihre Berichte vom Tod Jesu auffällige Parallelen. Diese relativ einheitliche Überlieferung legt die Vermutung nahe, dass die Passionsgeschichten die historischen Fakten verhältnismäßig genau widerspiegeln.

Gemeinsam ist allen vier Evangelien folgender Ablauf der Passion:[10]

1. Beschluss der „führenden Leute", Jesus zu töten (Mk 14,1 f.; Joh 11,47–57).
2. Verrat des Judas (Mk 14,10 f.; Joh 13,2; 13,27; 13,30).
3. Abendmahl (Mk 14,17–25; Joh 13,1–30). Während des Abendmahls: Ankündigung des Verrats und des Todes (Mk 14,18; Joh 13,21; 13,33), Ankündigung der Verleugnung des Petrus (Mk 14,30; Joh 13,38).
4. Gefangennahme Jesu in Getsemani (Mk 14,43–52; Joh 18,1–11).
5. Verfahren Jesu vor der jüdischen Obrigkeit und Verleugnung des Petrus (Mk 14,53–72; Joh 18,12–27).
6. Verfahren vor der römischen Obrigkeit: Pilatus (Mk 15,1–5; Joh 18,28–38).
7. Das Volk fordert die Freilassung des Barabbas (Mk 15,6–15; Joh 18,39 f.).
8. Kreuzigung und Tod (Mk 15,20–41; Joh 19,16–37).

Als Datum des Todes werden der Vorabend des Sabbats und das Passahfest genannt. Nach Markus 15,6 starb Jesus am Festtag, nach Johannes (19,14; 19,31;

10 Nach Roman Heiligenthal: Der Lebensweg Jesu von Nazareth, Kohlhammer: Stuttgart 1994, S. 125 f.

19,42) einen Tag vor dem Fest, dem sogenannten „Rüsttag". Es ist wahrscheinlicher, dass Jesus am Tage vor dem Passahfest starb, wie es das Johannesevangelium berichtet, weil am Sabbat oder an einem Festtag Urteile weder gesprochen noch vollstreckt werden durften.

1.2 Gründe für den Tod Jesu

In den Evangelien wird immer wieder berichtet, dass Jesu Verhalten und Lehre auf Widerspruch stießen. Jesu Kritiker sind vor allem in Jerusalem, bei der dort herrschenden sadduzäischen Tempelaristokratie zu finden. Jesu Gang nach Jerusalem zum Passahfest (Joh 12,12) provoziert einen Zusammenstoß mit seinen Kritikern – und kostet ihn das Leben.

In der älteren protestantischen Theologie wird der Hauptkonfliktpunkt in Jesu Gesetzeskritik gesehen (vgl. Mk 3,6: nach einer Heilung am Sabbat beschließen die Pharisäer, Jesus zu töten). Bei dieser Deutung wären die Pharisäer ausschlaggebend an der Gefangennahme Jesu beteiligt. Diese Einschätzung lässt sich nach neueren Erkenntnissen so nicht aufrechterhalten.

Zwar berichtet Markus, dass die Pharisäer Jesus töten wollten (Mk 3,6; 12,13), aber in der (markinischen) Passionsgeschichte spielen die Pharisäer keine entscheidende Rolle mehr: Hier ist das Zeugnis der Passionsgeschichten historisch sicher besser fundiert. Aus diesem Grund können die Pharisäer nicht als die treibende Kraft bei Jesu Tod angesehen werden. Daneben berichten die Evangelien, dass es unter den Pharisäern im Hohen Rat auch solche gibt, die Jesus nahestehen: Nikodemus (Joh 3,1 ff.; 7,50 f.) und Gamaliel (Apg 5,34 ff.).

Darüber hinaus spricht die Erkenntnis der neueren Wissenschaft dafür, dass Jesu Lehre sich im Rahmen jüdischer Theologie bewegt, und gegen die Verurteilung Jesu aufgrund seiner Gesetzeskritik. Außerdem ist zu bedenken, dass zur Zeit Jesu der Tempel das Zentrum jüdischer Frömmigkeit war und nicht das

Modell des Jerusalemer Tempels

Abendmahlsraum auf dem Zionsberg

Haus des Hohepriesters Kaiphas, Modell

Gesetz. Insofern war Jesu Kritik am Tempel (Austreibung der Händler, Mk 11,15 ff.) damals religiös weitreichender als seine liberale Gesetzesauslegung.

Nach neuerer Einschätzung liegen die **religiösen Gründe** für die Anklage Jesu vor dem Synhedrium (dem Hohen Rat) vor allem in seinem Anspruch, der **Messias** zu sein (Mk 14,61 f.). Das heißt, es geht dem Hohen Rat nicht so sehr um die religiöse Position, die Jesus vertritt, sondern um die persönliche Autorität oder Vollmacht, mit der er auftritt. Auch wenn Jesus selbst sich nicht explizit als Messias bezeichnet haben sollte, hielten ihn doch Teile der Bevölkerung dafür (s.u. S. 61). Nach Darstellung der Evangelien befand der Hohe Rat einen solchen Anspruch als gotteslästerlich (Mk 14,63 f.).

Die **politischen Gründe** für die Verurteilung Jesu stehen im Zusammenhang mit seiner großen Ausstrahlungskraft und dem Erfolg seiner Verkündigung. Jesus brachte den Geschäften, die im Tempel gemacht wurden, eine kritische Haltung entgegen (Mk 11,15). Diese Geschäfte waren aber die wirtschaftliche Grundlage vieler Bewohner von Jerusalem. Ein wachsender Einfluss Jesu hätte für sie finanzielle Verluste mit sich bringen können. Außerdem sorgte eine neue Bewegung, wie es die Anhängerschaft Jesu war, für **politische Unruhe**, vor allem, wenn die Menschen in Jesus den Messias sahen, der die römische Herrschaft zu Fall bringen sollte. Eine solche Unruhe musste der jüdischen Obrigkeit gefährlich erscheinen, da sie zu Konflikten mit den Römern führte. Ein Eingreifen der Römer brachte stets für alle Juden Nachteile, musste also unbedingt vermieden werden.

1.3 Wer ist für den Tod Jesu verantwortlich?

Jesus wurde wohl am Vorabend des Passahfestes von der jüdischen Obrigkeit, dem Synhedrium (dem Hohen Rat), verhaftet und angeklagt. Der Vorwurf des Hohen Rates, aufgrund dessen Jesus zum Tod verurteilt wurde, lautete auf Gotteslästerung (Mk 14,64; Mt 26,65). Das Lukas- und das Johannesevangelium berichten dagegen nicht von einem Todesurteil der jüdischen Behörde.

Übereinstimmung herrscht in dem Punkt, dass Jesus den Römern ausgeliefert wurde. Dies liegt daran, dass allein den Römern die Todesgerichtsbarkeit unterstellt war. Formalrechtlich durfte der Hohe Rat kein Todesurteil aussprechen. Vor der römischen Justiz lautet die Anklage auf Unruhestiftung: „Wir haben festgestellt, dass dieser Mensch unser Volk verführt, es davon abhält, Steuern zu zahlen, und behauptet, er sei der Messias und König." (Lk 23,2)

Jesus wird schließlich von den Römern als „König der Juden", d. h. als politischer Aufrührer, zum Tod verurteilt (Joh 19,19). Trotzdem liegt nach der Darstellung aller Evangelien die Hauptverantwortung für die Verurteilung auf jüdischer Seite. Die Evangelien schildern, dass der römische Prokurator Pilatus zuerst gezögert habe, Jesus schuldig zu sprechen, und sogar versucht habe, ihn durch die Passah-Amnestie[11] freizusprechen, aber vom jüdischen Volk gedrängt worden sei, Jesus zu töten.

Dieser Bericht brachte im Laufe der Geschichte des Christentums großes Leid über jüdische Mitbürger, weil Christen ihnen die Schuld am Tod Jesu gaben. Im Mittelalter mussten Juden an Ostern oft um ihr Leben fürchten, weil ein aufgebrachter christlicher Mob sich für den Tod Jesu rächen wollte. Auch heute noch gibt es Tendenzen, die „Schuld" am Tode Jesu „den Juden" anzulasten. Diese Einstellung ist völlig verfehlt und mit dem christlichen Osterglauben nicht zu vereinbaren.

Selbst wenn das Todesurteil mit Billigung eines Teils des jüdischen Volkes vollstreckt wurde, so liegt die Verantwortung für dieses Urteil allein bei der römischen Obrigkeit. Dies wird durch die Todesart Jesu belegt: Die jüdische Todesstrafe bei religiösen Verbrechen war die Steinigung (vgl. die Steinigung des Stephanus, Apg 7,54–60). Nur die Römer benutzten die Kreuzigung als Todesstrafe. Auch weist die Aufschrift auf dem Kreuz („König der Juden", Joh 19,19) Jesus als politischen Unruhestifter aus.

Die auffällige Tendenz der Evangelien, die Römer trotz dieser klaren Verantwortlichkeit zu entlasten, lässt sich durch die veränderte Situation der Christen zur Abfassungszeit der Evangelien erklären. Die politischen Verhältnisse hatten

11 Die Passah-Amnestie war eine Begnadigung Gefangener oder Verurteilter vonseiten der römischen Behörde aus Anlass der Passahfeierlichkeiten.

Die Gerichtshalle des Pilatus, heute ein Kloster.

sich nach der Zerstörung des Tempels (70 n. Chr.) gewandelt. Zwischen Juden und Christen kam es zu Auseinandersetzungen um den Glauben an Jesus, die in die Passionsgeschichte zurückprojiziert wurden. Im Gegensatz dazu war die heidenchristliche Mission unter den Römern sehr erfolgreich, was sich vielleicht in der Sympathie widerspiegelt, die die Passionsgeschichte für Pilatus zeigt.

Zusammenfassung: Der Tod Jesu

Die Passionsberichte der Evangelien zeigen eine hohe Übereinstimmung, sodass ihnen eine große **historische Plausibilität** zugesprochen wird. Vermutlich starb Jesus an einem Freitag vor dem Passahfest, nachdem er von der jüdischen Behörde an die Römer ausgeliefert wurde, die ihn zum Tod verurteilen und kreuzigen ließen.

Mit seinem Gang nach Jerusalem begab sich Jesus in die Nähe seiner größten Kritiker. Die Jerusalemer Stadtaristokratie verfolgte Jesu Wirken mit Besorgnis, da er **Kritik am Tempelkult** übte und eine große Ausstrahlungskraft besaß.

Der religiöse Grund für das Synhedrium, Jesus vor Gericht zu bringen, lag in dem **Anspruch Jesu**, göttliche Würde zu besitzen und der **Messias** zu sein. Daneben gab es politische und wirtschaftliche Gründe: Ein Unruhestifter konnte zu Problemen mit der römischen Besatzungsmacht führen; die Geschäfte im Tempel, die Jesus kritisierte, waren die Haupteinnahmequelle vieler Jerusalemer Bürger.

Jesus wurde von Pontius Pilatus, der die römische Obrigkeit vertrat, als politischer Aufrührer („König der Juden") zum Tode verurteilt.

2 Die Auferstehung Jesu

2.1 Biblische Ostertexte

Die ältesten Überlieferungen, die wir von Tod und Auferstehung Jesu besitzen, sind kurze Formeln in den paulinischen Briefen wie „Gott hat ihn von den Toten auferweckt" (Röm 10,9) und „Jesus ist gestorben und auferstanden" (1 Thess 4,14). Ein sehr altes Christusbekenntnis findet sich in 1 Kor 15,3 ff.:

1 Kor 15,3 ff. Christus ist für unsere Sünden gestorben, gemäß der Schrift, und ist begraben worden. Er ist am dritten Tage auferweckt worden, gemäß der Schrift, und erschien dem Kephas (Petrus), dann den Zwölf.

Die Forschung geht davon aus, dass solche Sätze den Kern urchristlicher Überlieferung bildeten.

Daneben gibt es in den biblischen Erzählungen über die Auferstehung Christi zwei Motive: Zum einen die Grabüberlieferung (Mk 16,1 ff.), in der die Jünger das leere Grab sehen, und zum anderen Erscheinungsberichte, in denen der Auferstandene den Jüngern begegnet (z.B. Mt 28,16–20; Lk 24,13 ff.; Apg 9,3 ff.; vgl. 1 Kor 15,5–8). Auffällig ist hier, dass diese Erscheinungen geografisch in Galiläa, dem Herkunftsgebiet Jesu, verortet werden (Mk 14,28; Mt 26,32 und Mk 16,7; Mt 28,7; 10; 16 f.; anders Lukas: Jerusalem und Umgebung, und Johannes: keine weitere Ortsangabe, vermutlich Jerusalem).

Der Begriff „Auferstehung" legt fälschlicherweise nahe, Jesus sei aus eigener Kraft aus dem Grab auferstanden. Doch die Bibel spricht von der Auferstehung vornehmlich als von einer „Auferweckung" Jesu durch Gott. Es ist Gott, der diese Auferweckung bewirkt, nicht Jesus selbst.

2.2 Die Deutung von Leiden, Sterben und Auferweckung Christi

Für die Anhänger Jesu war sein Tod schwer zu erklären: Warum musste Jesus sterben? Hätte Gott ihn nicht retten können? Hätte es nicht andere, unblutige Wege gegeben, den Menschen mit Gott zu versöhnen?

Schon in 1 Kor 15,3 f. wird Jesu Tod und Auferweckung als „gemäß der Schrift" beschrieben, d. h. in die Tradition des jüdischen Glaubens gestellt. Für die jüdischen Anhänger Jesu ließ sich sein Leben, Sterben und Auferstehen aus der jüdischen Überlieferung deuten. Wesentliche alttestamentliche Schriften dafür sind die Psalmen und die Propheten, besonders Jesaja.

Die Berufung auf Traditionen im Alten Testament

Die Rückbindung an das Alte Testament ist deshalb wichtig, weil Jesus weder im Leben noch im Tod eindeutig den Vorstellungen entsprach, die die Menschen damals vom Messias, dem Retter der Welt, hatten. Im Gegenteil, ein am Kreuz Gestorbener galt als ein von Gott verfluchter Unheilsbringer (Dtn 21,22 f.; vgl. 1 Kor 1,23).

Das heißt: Die christliche Tradition des Messias, der als Mensch geboren wird und als Mensch einen schmachvollen Tod erleidet, aus dem er von Gott auferweckt wird, leitet sich nicht unmittelbar von der jüdischen Messiasvorstellung ab. Um ihren Glauben legitimieren zu können, mussten judenchristliche Anhänger Jesu zeigen, dass Jesu Leben und Tod dennoch der Schrift entsprach.

Jesu Schicksal konnte mit dem des **leidenden Propheten** verglichen werden. Die alttestamentlichen Propheten hatten oft ein schweres Leben, waren Verfolgungen und Anfeindungen ausgesetzt. Der Prophet Johannes der Täufer, Jesu Zeitgenosse, wurde von Herodes Antipas ermordet. Jesus selbst hat sein Schicksal mit dem eines Propheten verglichen. Ihm schien bewusst zu sein, dass er sich mit seinem Gang nach Jerusalem in Lebensgefahr begab (Lk 13,33).

Eine weitere Deutung greift die Vorstellung des **leidenden Gerechten** auf. Im sogenannten „**Gottesknechtslied**" (Jes 53, Übersetzung nach der *Guten Nachricht*) wird von dem Auserwählten Gottes berichtet, der die Schuld der anderen auf sich nimmt. Jesus wird mit diesem „Gottesknecht" identifiziert:

Jes 53,1 Wer hätte geglaubt, was uns da berichtet wurde? Wer hätte es für möglich gehalten, dass die Macht des HERRN sich auf solche Weise offenbaren würde?

6 Wir alle waren wie Schafe, die sich verlaufen haben; jeder ging seinen eigenen Weg. Ihm aber hat der HERR unsere ganze Schuld aufgeladen.

7 Er wurde misshandelt, aber er trug es, ohne zu klagen. Wie ein Lamm, wenn es zum Schlachten geführt wird, wie ein Schaf, wenn es geschoren wird, duldete er alles schweigend, ohne zu klagen.

10 Aber der HERR wollte ihn leiden lassen und zerschlagen. Weil er sein Leben als Opfer für die Schuld der anderen dahingab, wird er wieder zum Leben erweckt und wird Nachkommen haben. Durch ihn wird der HERR das Werk vollbringen, an dem er Freude hat.

Die Anhänger Jesu sahen deutliche Parallelen zwischen der Anstößigkeit und der Brutalität des in Jesaja geschilderten Geschehens (V. 1: „Wer hätte es für möglich gehalten …?"; V. 7 „Er wurde misshandelt …") und dem Tod Jesu. Das Lied liefert darüber hinaus eine Interpretation der Ereignisse: Jesus nahm die Schuld stellvertretend für andere auf sich und versöhnte sie so mit Gott (s. u. S. 54 „Jesu Tod als Versöhnung").

Ernst Barlach (1870 bis 1938), Anno Domini MCMXVI post Christum natum, 1916.

Auch **Psalm 22** hat den leidenden Gerechten zum Thema. Die Schilderungen der Passionsgeschichte spiegeln diesen Psalm wider: Die Todesworte Jesu am Kreuz „Mein Gott, mein Gott, warum hast du mich verlassen?“(Mk 15,34; Mt 27,46) zitieren Vers 2. Weitere Entsprechungen zur Passion finden sich in der Verhöhnung des Opfers (Ps 22,7 f.; Mk 15,29; Mt 27,39 ff.) und dem Würfeln um die Kleider (Ps 22,19; vgl. Mk 15,24 f.; Joh 19,23 f.). Mit diesen Parallelen machen die Evangelisten deutlich: Nicht ein Verbrecher erlitt den schmachvollen Tod am Kreuz, sondern ein Gerechter. Die am Ende des Psalms beschriebene Erhörung (V. 25) des Leidenden und der Verweis auf die Heilstat Gottes (V. 32) eröffnen einen Interpretationshorizont für die Osterereignisse.

Auch die Auferweckung Jesu ließ sich vor dem Hintergrund des jüdischen Glaubens erklären. Sie klingt in V. 10 des Gottesknechtsliedes an – als Belohnung für die Opfertat. Die Vorstellung, dass am Ende der Tage die Toten von Gott auferweckt werden, war im damaligen Judentum durchaus geläufig (vgl. Ez 37,1–14 und Jes 26,19). Sie kommt z. B. in Joh 11,24 zur Sprache. Martha sagt über ihren toten Bruder: „Ich weiß, dass er auferstehen wird bei der Auferstehung am letzten Tage.“ Die Auferstehung von den Toten war also gedanklich unmittelbar verknüpft mit Gottes Wirken am Ende der Welt. Auf diesem Hintergrund ist für die Jünger die Auferweckung Jesu ein Zeichen dafür, dass mit Gottes Handeln das Ende der Welt angebrochen ist.

Auf diesem syrischen Ziborium in der Markuskirche von Venedig (6. Jh.) ist Christus als das „Lamm Gottes" dargestellt. Mit Christus gekreuzigt, bleibt der Christ sein Leben lang in Verbindung mit ihm und wird es schließlich auch in der Verherrlichung sein.

Zur Auferweckung Jesu nach drei Tagen gibt es keinen direkten „Beleg" aus der Schrift. Im Matthäusevangelium (Mt 12,40) werden die drei Tage Jesu im Grab mit den drei Tagen verglichen, die der Prophet Jona im Bauch eines Walfisches verbringen musste (Jona 2,1). In seiner Pfingstpredigt zitiert der Apostel Petrus (Apg 2,14–36) Psalm 16,8–11, um Gottes Handeln an Jesus zu verdeutlichen:

Ps 16,10 Du, HERR, wirst mich nicht der Totenwelt preisgeben! Du wirst nicht zulassen, dass ich für immer im Grab ende; denn ich halte in Treue zu dir!

Die Neubewertung des Kreuzestodes durch die frühen Christen

Für die frühen Christen war nach der Auferstehung Jesu klar, dass es sich bei seinem Leiden um ein Heilsgeschehen gehandelt haben musste. In den Evangelien finden sich immer wieder Aussagen, dass alles so geschehen musste (z. B. Mt 16,21). Das heißt: Der Tod Christi muss für die Menschen etwas nachhaltig Positives und Gutes bewirkt haben. Paulus drückt dies so aus: „Diese Liebe [Gottes] zeigt sich darin, dass Christus sein Leben für uns hingegeben hat." (Röm 5,8) Wie aber kann der gewaltsame Tod eines Menschen positiv gedeutet werden? Aus ihrem Lebensumfeld boten sich den frühen Christen verschiedene Interpretationsmöglichkeiten an:

- Jesu Tod als **Loskauf:** Die frühen Christen kannten die Vorstellung eines Loskaufs oder einer Auslösung aus der Sklaverei oder Kriegsgefangenschaft. Analog dazu ließ sich der Tod Jesu als das Lösegeld für seine Gemeinde verstehen: Durch seinen Tod kauft Jesus seine Gemeinde von den todbringenden und versklavenden Mächten frei (Mk 10,45; 1 Kor 6,20; Kol 2,14; 1 Petr 1,18 f.; Offb 5,9). Bis ins Mittelalter vertrat die Theologie die Auffassung, dass die Christen durch Jesus aus der Gewalt des Teufels losgekauft wurden.

Darstellung der Höllenfahrt Christi

- Jesu Tod als **Versöhnung:** Versöhnung heißt, mit jemandem Frieden zu schließen, sich zu vertragen. Wenn Menschen sich gegenüber Gott versündigen, so ist eine Versöhnung notwendig. In der jüdischen Tradition kommt Mose die Rolle des Versöhners zwischen Israel und Gott zu. In den Paulusbriefen wird nun Jesus diese Aufgabe zugeschrieben: „Als wir Gott noch als Feinde gegenüberstanden, hat er uns durch den Tod seines Sohnes mit sich versöhnt." (Röm 5,10; vgl. auch 2 Kor 5,18–20; Kol 1,20; 1,22).
Deutlich wird hier, dass es die Menschen sind, die eine feindliche Gesinnung haben. Jesu Tod dient also nicht der Beschwichtigung eines wütenden Gottes, sondern soll die Menschen aus ihrer „Anti-Haltung" gegenüber

Gott befreien. Ursache des Zwists ist die Sünde, durch die der Mensch von Gott entfremdet ist. Indem Jesus die Sünde auf sich nimmt, hat er den Menschen davon entlastet, sodass sich der Mensch wieder Gott zuwenden kann.

- Jesu Tod als **Sühnopfer:** Aus dem Tempelkult kannten die Christen die Vorstellung, dass das Blutvergießen eines Opfertiers Heil bringen konnte (vgl. Lev 4,2 f.; 27 ff.; Lev 16: Sündenbock). Im Neuen Testament finden sich auch Aussagen, die Jesu Tod mit einem Sühnopfer in Verbindung bringen (Hebr 9,14; Eph 5,2). Christus wird als das Opferlamm beschrieben, das die Sünde der Welt trägt, durch dessen „Schlachtung" Gerechtigkeit wiederhergestellt wird (vgl. Hebr 10,19 f.; 1 Petr 1,19).
  Auch die Abendmahlsworte („mein Leib/mein Blut für euch gegeben") und die Identifizierung Jesu mit dem leidenden Gottesknecht (Jes 53) werden oft so verstanden, dass Jesus von Gott für unsere Sünden geopfert worden sei.
  Allerdings ist die genaue Ausdeutung der neutestamentlichen Stellen, in denen Jesu Tod mit einem Opfertod verglichen wird, in der Forschung umstritten. Es gibt eine Reihe von Gründen, die eine direkte Identifizierung von Jesu Tod mit einem Opfer problematisch erscheinen lassen: Im Alten Testament sind Menschenopfer ausdrücklich verboten (Gen 22). Es gab darüber hinaus im Judentum die Vorstellung, dass Gott nicht durch Blutopfer versöhnt werden muss: Lob, das Einhalten von Versprechen und Gebet reichen aus (Ps 50,13 ff.; Mi 6,8). Es ist vor diesem alttestamentlichen Hintergrund schwer vorstellbar, dass der Vater Jesu das Blutopfer seines eigenen Sohnes braucht, um die menschliche Sünde zu sühnen.
  Doch die Opfervorstellung hat auch große Stärken. In ihr kann das Paradoxe des Sterbens Jesu zum Ausdruck gebracht werden: Einerseits stirbt Jesus unschuldig einen ungerechten Tod – wie ein Opferlamm. Andererseits bewirken sein Sterben und seine Auferstehung großes Heil für die Menschen, wie auch ein Opfer Gutes bewirken soll. So wie mit einem Opfer die Beziehung zu Gott in Ordnung gebracht wird, so ermöglicht das Sterben und Auferstehen Christi allen Menschen, ihre Beziehung zu Gott in Ordnung zu bringen. Daraus darf allerdings nicht geschlossen werden, dass die Opferung Jesu in dem Sinn notwendig war, dass Gott ohne sie nicht ausgekommen wäre. Vielmehr ist Jesus menschlicher Grausamkeit „zum Opfer gefallen", nicht etwa göttlicher. Menschen konnten Jesu Verkündigung nicht ertragen, Menschen stellten ihn vor Gericht, Menschen brachten ihn um. Gottes Antwort auf dieses menschliche Handeln ist die Auferweckung Jesu. Damit nimmt die menschliche Geschichte einen neuen Anfang.

Die einzelnen Schritte des Opfers nach dem Psalter Ludwigs des Heiligen: links die Schlachtung des Lammes, in der Mitte die Besprengung des Heiligtums mit Blut und rechts das Mahl, bei dem die für die Priester und manchmal auch (wie hier) für die Darbringer des Opfers bestimmten Stücke serviert werden.

2.3 Auferstehungshoffnung und moderne Kritik

Der christliche Glaube, dass Jesus von den Toten auferweckt wurde, ist von Anfang an auf Zweifel gestoßen. Es gibt viele Versuche, die christlichen Berichte vom leeren Grab und von den Erscheinungen des Auferstandenen rational zu erklären. Auch in der Theologie ist die Deutung der Auferstehung Jesu umstritten.

Die erste **Kritik** an den Auferstehungsberichten setzt am **leeren Grab** ein. Ein leeres Grab ist kein Beweis für einen auferstandenen Christus. Schon in der Antike gab es Verdächtigungen, Christen hätten den Leichnam Jesu versteckt (vgl. Mt 27,64; 28,13–15). In der Bibelkritik des 19. und 20. Jahrhunderts wurde angenommen, die Berichte vom Grab Jesu seien eine unhistorische, spätere Ergänzung der Visionsberichte.

Die zweite Kritik betrifft die **Erscheinungen**. Die Vorstellung liegt nahe, dass die Jünger sich die Erscheinungen nur eingebildet haben bzw. diese Erscheinungen von der Erwartungshaltung der Jünger abhingen. Die weitestgehende Kritik würde hier lauten, Jesus sei nicht auferstanden, sondern seine Jünger hätten ihn gleichsam im Geiste auferstehen lassen.

Die Theologie des 20. Jahrhunderts versuchte daher vor allem in den Sechzigerjahren, die historische Frage nach dem „Wie“ der Auferstehung auszublenden. Es wurde argumentiert, dass die Wahrheit der Auferstehung nicht an der Frage hänge, ob das Grab Jesu voll oder leer war, sondern welche Auswirkungen sie auf die Jünger hatte.

Historisch unbestreitbar ist die Tatsache, dass die Verkündigung und das Sterben Jesu das Leben seiner Anhänger stark veränderten. Nach Ostern war den Jüngerinnen und Jüngern klar, dass Jesus nicht nur ein machtvoller Prediger war, sondern dass mit ihm die **eschatologische Verheißung Gottes** (von griech. *eschaton*: „das Äußerste, das Letzte“: endzeitlich) erfüllt war. Mit Jesus Christus war ihrer Meinung nach etwas Entscheidendes, Letztgültiges für diese Welt geschehen. Diese Erkenntnis prägte die Verkündigung der frühen Christen. Diese Verkündigung, griechisch **Kerygma** genannt, trifft den Menschen in seinen existenziellen Fragen. Die Wahrheit der Auferstehungsbotschaft erweist sich demnach nicht in der historischen Rückfrage nach den genauen Umständen des Ostermorgens, sondern verlagert sich in das Dasein derer, die an Christus glauben. Christus ist auferstanden, weil der Mensch, der diese Botschaft hört, in seiner Existenz getroffen ist.

Der Begriff Kerygma umfasst die Pole „**Zuspruch und Anspruch**“. Die Verkündigung Jesu Christi ist ein Zuspruch an die Menschen, dass Gott sich ihnen zuwendet. Sie ist aber auch Anspruch, da sie den Menschen zur Umkehr und Buße aufruft. Ostern ist der Punkt, an dem den Jüngern dieser Zuspruch Jesu, das Handeln Gottes, endgültig deutlich wurde und sie aktiv werden ließ. Genauso ist es für heutige Menschen wichtig, hinter den Osterereignissen den Zuspruch und Anspruch Gottes wahrzunehmen und sich davon leiten zu lassen (vgl. 2 Kor 5,17).

Diese sogenannte Kerygma-Theologie setzt keinen Glauben an die leibliche Auferstehung Jesu voraus, schließt ihn aber auch nicht einfach aus. Damit „versöhnt“ sie rationalistisches Denken, das eine leibliche Auferstehung ausschließt, mit dem Evangelium von Jesus Christus.

Letztlich bleiben jedoch alle Versuche, Leiden und Auferstehung Jesu Christi schlüssig auszulegen, unvollständig. Es ist nicht möglich, das Ärgernis und das Kopfschütteln wegzuerklären, die Tod und Auferstehung Christi immer wieder auslösen. Der Apostel Paulus drückt das so aus: „Wir verkündigen Christus als den Gekreuzigten: für Juden ein empörendes Ärgernis, für Heiden eine Torheit, für die Berufenen aber, Juden wie Griechen, Christus, Gottes Kraft und Weisheit.“ (1 Kor 1,23 f.)

Zusammenfassung: Die Auferstehung Jesu

Die ältesten biblischen Aussagen zu Jesu Tod sind **Formeln,** die sein Sterben und seine Auferweckung bezeugen.
In den Evangelien gibt es zwei erzählende Traditionsstränge: Das **leere Grab** in Jerusalem drei Tage nach der Hinrichtung und die **Erscheinungen Jesu** vor den Jüngerinnen und Jüngern.

Der Glaube, dass am Ende der Tage die Toten auferstehen, war in Israel verbreitet und half den Jüngern, die Auferstehung Jesu als **Handeln Gottes** zu verstehen. Einen Sinn des Todes Jesu konnten sie im Hinblick auf Jesaja 53, das sogenannte „Gottesknechtslied", erkennen. Dort muss der Knecht Gottes stellvertretend für andere Leid auf sich nehmen. Vor diesem Hintergrund ließen sich der Tod und die Auferweckung Jesu als **stellvertretende Heilstat** interpretieren.

Der Sinn des Todes Jesu und seiner Auferstehung wurde im Neuen Testament auf dreierlei Arten interpretiert:

- Jesu Tod als **Lösegeld:** Mit seinem Tod hat Jesus die Menschen aus der Macht der Sünde und dämonischer Mächte freigekauft.
- Jesu Tod als **Versöhnung:** Mit seinem Tod nimmt Jesus die Sünden der Menschen auf sich. Von diesen befreit, können sich die Menschen Gott wieder zuwenden und sich mit ihm versöhnen.
- Jesu Tod als **Sühnopfer:** Durch den Tod Jesu wird – wie im Opferkult – Gerechtigkeit wiederhergestellt.

Die Faktizität der Auferstehung wurde immer wieder infrage gestellt. Die Kerygma-Theologie des 20. Jahrhunderts hält dagegen, dass nicht das genaue „Wie" der Auferstehung wichtig sei, sondern die Botschaft (Kerygma) derselben.
In der Botschaft von der Auferstehung erfährt der Mensch Zuspruch und Anspruch Jesu Christi, durch die er in seiner ganzen Existenz getroffen wird. Dies gilt auch, wenn eine physische Auferstehung Jesu nicht nachgewiesen werden kann.

Jesus, der Christus

1 Jesus in der Verkündigung der urchristlichen Gemeinde

Als Jesus starb und auferstand, nahmen die meisten seiner Anhängerinnen und Anhänger an, dass das Ende der Welt bald bevorstehe. Sie sahen in der Wiederkunft, der **Parusie** (von griech. *parousia:* Erscheinung, Ankunft) Jesu ein Ereignis, das noch zu ihren Lebzeiten eintreffen würde, und richteten danach ihr Leben aus. Hinweise auf eine solche „**Naherwartung**" finden sich vor allem in den Briefen des Apostels Paulus (z. B. 1 Thess 4,15; 1 Kor 15,51 f.). Er sagt, dass mit Jesus bereits etwas von dem sichtbar geworden ist, was die Menschen am Ende der Zeiten erwartet. Dadurch gewinnt das irdische Leben eine neue Dimension: Mit Jesus Christus ist ein Stück der himmlischen Welt in das „normale" Leben gekommen.

Doch auch als Jesus nicht zu Lebzeiten der ersten Christen zurückkehrte, zerbrach das Christentum daran nicht. Im Neuen Testament gibt es einige Belege, die das Warten und die Hoffnung auf Christus theologisch reflektieren: Jesus kann mit einem Bräutigam verglichen werden, der seine Hochzeitsgäste viel zu lange warten lässt (Mt 25,1–13), oder mit einem Dieb in der Nacht (1 Thess 5,2), der kommt, wenn niemand mehr mit ihm rechnet. In diesem Sinne erwarten Christen auch heute die Wiederkunft Christi, und „niemand kennt den Tag oder die Stunde" (Mk 13,32). Im Laufe dieses Wartens hat sich die christliche Theologie entwickelt, die versucht, die Fragen, die sich in Bezug auf Christus stellen, zu beantworten.

1.1 Christologische Grundfragen

Nach der Auferstehung versuchten die urchristlichen Gemeinden, ihren Glauben an Christus in Worte zu fassen und ihn ihrer Umwelt zu erklären. Sie bemühten sich, auf eine Reihe von Fragen eine Antwort zu geben:

- Wer war bzw. ist Jesus Christus?
- Woher kam er?
- Wie steht er zu Gott?
- Welche Macht hatte er?

- Worin liegt der Sinn seines Lebens und Sterbens?
- Was bedeutet es, an ihn zu glauben?
- Worauf dürfen wir hoffen?
- Wie wird es mit der christlichen Gemeinde weitergehen?
- Was heißt es, entsprechend Jesu Verkündigung zu leben?

Bei der Beantwortung dieser Fragen erinnerten sich die Gemeinden zunächst an das, was sie vom Leben und der Verkündigung Jesu wussten. Um dieses interpretieren zu können, griffen die Gemeinden auf das Alte Testament zurück, aber auch auf allgemeine weisheitliche oder philosophische Vorstellungen. Sie belegten Jesus mit Titeln, die seine Besonderheit widerspiegelten, und klärten (vor allem in späteren Jahrhunderten), in welchem Verhältnis die drei Größen „Gott/Vater", „Jesus/Sohn" und „Heiliger Geist" standen. Das Ergebnis ihrer Bemühungen sind die neutestamentlichen Schriften und später die Texte der Kirchenväter und Konzilien. Dieses Nachdenken und Fragen über Jesus Christus als Sohn Gottes und Retter der Welt wird **Christologie** genannt.

Heutige Forscher unterscheiden zwischen der Christologie, die Jesus selbst in seiner Verkündigung vertrat, und der Christologie der Urgemeinden.[12]

Wenn von **Jesu eigener Christologie** gesprochen wird, wird zwischen expliziter (lat. „ausdrücklich"), impliziter (lat. „unausgesprochen mit inbegriffen") und evozierter (lat. „hervorrufen") Christologie unterschieden.

- **Explizit** ist Jesu Christologie dort, wo er ausdrücklich von sich als dem Messias oder Menschensohn (siehe S. 61 f.) spricht (z. B. Mt 9,6; 16,20; Mk 9,41).
- **Implizit** wird die Christologie Jesu dort genannt, wo er sich indirekt, durch seine Handlungen, als der Messias oder Gottessohn ausweist, wenn er z. B. Sünden vergibt (Lk 7,48).
- **Evoziert** ist Jesu Christologie, wo er bei seinen Zeitgenossen messianische Erwartungen hervorrief, wie sie z. B. bei seinem Einzug in Jerusalem geschildert werden (Mk 11,9 f.).

Die **urchristliche Gemeinde** hat das, was in Jesu Verkündigung bereits angelegt war, nach Ostern **gesteigert** und/oder **exklusiv** auf Jesus angewandt: So wird aus der respektvollen Anrede „Herr" zu Lebzeiten Jesu das „Herr" des göttlichen Weltenherrschers Christus, und die Bezeichnung „Sohn Gottes" nur noch in Bezug auf Christus verwendet (siehe S. 63 und 68).

12 Vgl. hierzu Gerd Theißen/Annette Merz: Der historische Jesus, Vandenhoeck & Ruprecht: Göttingen ²1997, S. 453–455.

1.2 Christologische Hoheitstitel

Die urchristlichen Gemeinden versuchten, die Besonderheit Jesu durch Ehrennamen, die sogenannten Hoheitstitel, zu beschreiben. Diese Titel stammten aus der jüdischen und der hellenistisch-jüdischen Tradition. Jeder dieser Titel enthält eine bestimmte christologische Sichtweise.

Christus / Messias

In allen Schriften des Neuen Testaments wird Jesus vielfach als „Christus" bzw. „**Messias**" bezeichnet. Das griechische „**Christus**" ist die Übersetzung des aramäischen „Messias", das „**der Gesalbte, der mit Öl Eingeriebene**" bedeutet. Aus der jüdischen Tradition stammt die Salbung des Königs mit einem kostbaren Öl als Zeichen seiner Königsherrschaft. Ebenso wurden Priester und Propheten gesalbt (vgl. die Hinweise auf gesalbte Herrscher bzw. Priester in 1 Sam 24,11; 1 Kön 19,15; Lev 4,3). Diese Salbung ist ein besonderer Weiheakt. Der Gesalbte ist auf herausragende Weise mit der Macht Gottes ausgestattet.

Zur Zeit Jesu verbanden die Menschen den Begriff „Messias" mit besonderen **Rettergestalten**, von denen sie sich das Ende der ungerechten politischen Verhältnisse und das Anbrechen des Gottesreiches erhofften. Menschen, die Jesus schon zu Lebzeiten „Messias" nannten, werden von ihm eine direkte Veränderung der politischen Verhältnisse erwartet haben. Jesu Tod bedeutete zunächst das Scheitern dieser messianischen Erwartung. Ein Messias, der stirbt, anstatt die göttliche Herrschaft aufzurichten, kann im Urteil der Zeitgenossen eigentlich nicht der Messias gewesen sein.

Nach der Auferstehung Jesu gewann die althergebrachte **Messiasvorstellung** in der urchristlichen Gemeinde eine **neue Bedeutung**. Weil Jesus der Messias war, konnten **Leiden und Tod** in das Bild des Messias aufgenommen werden. Gleich geblieben ist dagegen die Vorstellung, dass Jesus als Messias die Welt an ihrem Ende erlösen wird. So verkündigen Christen im Gottesdienst den Tod Jesu und preisen seine Auferstehung „bis er kommt in Herrlichkeit" (1 Kor 11,26).

Für griechischsprachige Heidenchristen aber, die nicht mit den jüdischen Messiasvorstellungen vertraut waren, klang der Titel „Jesus Christus" wie Vor- und Beiname. Das Bewusstsein für den Ehrentitel trat hier zurück. Um die Göttlichkeit Jesu anzudeuten, verwendeten sie deshalb andere Titel, die im Griechischen geläufiger waren: Kyrios („Herr") und Sohn Gottes.

Davidssohn

Die Bezeichnung „**Davidssohn**" weist in dieselbe Richtung wie der Titel „Messias". Nach jüdischer Tradition sollte der Messias dem Hause des **Königs David** entstammen und das alte Königreich Israel wiederherstellen. Mit dieser Hoffnung jubelte das Volk Jesus beim Einzug in Jerusalem zu: „Hosanna! Gesegnet sei er, der kommt im Namen des Herrn! Gesegnet sei das Reich unseres Vaters David, das nun kommt. Hosanna in der Höhe." (Mk 11,9 f.)

In der Forschung ist umstritten, ob die Bezeichnung „Davidssohn" Jesu tatsächliche Herkunft widerspiegelt (Mt 1,1; 1,6; Lk 1,32; Röm 1,3) oder ob sie nachträglich auf ihn angewandt wurde, um seinen messianischen Anspruch zum Ausdruck zu bringen.

Menschensohn

Der Begriff „**Menschensohn**" stammt aus der jüdischen **Apokalyptik**. Dort bezeichnet er eine himmlische Gestalt, die die Welt richtet (z. B. Dan 7,13 f.). „Menschensohn" ist daher ein Titel, der die besondere Hoheit und das **Richteramt** Jesu zum Ausdruck bringt. „Menschensohn" kann aber im Hebräischen und Aramäischen einfach auch „Mensch" bedeuten.

Der Titel „Menschensohn" ist deswegen interessant, weil er ausschließlich in den Evangelien und ausschließlich im Munde Jesu verwendet wird. Jesus spricht vom „Menschensohn" immer wie von einer anderen Person. Seine „Menschensohnworte" werden in drei Gruppen eingeteilt:

- Worte vom **gegenwärtigen** Menschensohn, der die Vollmacht der Sündenvergebung und Vollmacht über den Sabbat hat (Mk 2,10; 2, 28), ein Außenseiterleben führt (Mt 8,20) und von anderen kritisiert wird (Mt 11,19).
- Worte vom **zukünftigen** Menschensohn (z. B. Lk 17,24; 17,30; Mk 14,62), in denen der Menschensohn eine himmlische Gestalt ist (zur Rechten Gottes/Blitz am Himmel).
- Worte vom **leidenden** Menschensohn, der ausgeliefert wird (Mk 9,31; 14,41; Lk 24,7) oder leiden muss (Mk 8,31; Lk 17,25).

Im Urchristentum wurde der Titel nicht weiter aufgegriffen. Daher geht die Forschung davon aus, dass Jesus selbst diesen Titel verwendet hat. Es ist jedoch nicht geklärt, welche genaue Bedeutung Jesus und später die urchristliche Gemeinde diesem Titel beigemessen haben.

Kyrios (Herr)

Heutzutage verbinden Christen mit dem Titel „Jesus ist der Herr“ (1 Kor 12,3) die Vorstellung, dass **Jesus Christus Gott und Herrscher der Welt** ist. Diese Bedeutung hat der Titel „Kyrios“ jedoch erst allmählich erhalten. Im Aramäischen, der Sprache, die Jesus wahrscheinlich sprach, bedeutete „Herr“ *(„mar“)* zunächst eine ehrerbietige Form der Anrede hochstehender Menschen. Seltener wurde der Ausdruck für Götter verwendet. Von Paulus ist ein urchristlicher Gebetsruf überliefert: „Marána tha“ – „Unser Herr, komm“ (1 Kor 16,22), mit dem die frühen Christen die Wiederkunft Jesu Christi herbeisehnten.

Mit der Übertragung ins Griechische rückt der Begriff – zumindest für jüdische Griechen – deutlicher in die Nähe Gottes, denn in der griechischen Übersetzung des Alten Testaments wurde der hebräische Gottesname mit „Kyrios“ wiedergegeben. Auch heidnische Griechen kannten diese Anrede für ihre Götter. So konnte der Titel „Kyrios“ für Jesus als Anrede eines Gottes verstanden werden.

Im weiteren Verlauf der Geschichte prägte der Titel die Vorstellungen von Jesu Macht und Herrschaft über die Welt. Besonders wichtig war dies für Christen zu Zeiten, in denen die weltlichen Herrscher versagten; zuletzt im Dritten Reich, als die evangelische Bekennende Kirche ihren Widerstand gegen das Hitlerregime damit begründete, dass allein Christus der Herr ist.

Logos

Der Titel „Logos“ für Jesus findet sich nur im johanneischen Schrifttum (Joh 1, 1;3;14; 1 Joh 1,1 und Offb 19,13). „Logos“ ist Griechisch und bedeutet „**Wort**“. Im Prolog des Johannesevangeliums (Joh 1,1–18), dem wohl ein urchristlicher Hymnus zugrunde liegt, wird Jesus Christus mit dem „Wort“ identifiziert, das „im Anfang“ war.

Joh 1,1 Im Anfang war das Wort,
und das Wort war bei Gott,
und das Wort war Gott.
2 Im Anfang war es bei Gott.
3 Alles ist durch das Wort geworden,
und ohne das Wort wurde nichts, was geworden ist.

Dieses Wort ist nach jüdisch-weisheitlicher Vorstellung das machtvolle, schaffende Sprechen Gottes, durch das die Welt entstanden ist (vgl. Gen 1,3; Ps 33,6 oder Weish 9,1: „Gott der Väter und Herr des Erbarmens, du hast das All durch dein Wort gemacht.“). Nach Joh 1,1–18 hat dieses **Wort** in Jesus **menschliche Gestalt** (V. 14) angenommen. In der Fachsprache wird dies **Inkarnation** (lat. „Fleischwerdung“) des Logos genannt. Deshalb begegnet den Menschen in Jesus auch die Schöpfer- und Ordnungskraft Gottes.

Der Titel „Logos“ eröffnet die Perspektive, dass Jesus schon vor seiner Geburt existierte (**Präexistenz**) und dass der Schöpfer nicht ohne ihn zu denken ist. Diese beiden Gedanken werden später in den christlichen Glaubensbekenntnissen und in der Lehre der Dreieinigkeit (Trinität) aufgegriffen und präzisiert.

Der Menschensohn wird von Engeln begleitet, die unter lautem Posaunenschall seine Auserwählten zusammenführen (vgl. Mt 24, 30 f.); Apokalypse des heiligen Severus.

Sohn Gottes

Zu Jesu Zeiten war die Vorstellung geläufig, dass am Ende der Zeit alle Israeliten „Söhne und Töchter Gottes“ werden. Jesus selbst greift diese Vorstellung auf, als er die Friedensstifter seligpreist (Mt 5,9), die „Söhne Gottes genannt werden“ (vgl. auch Mt 5,45). In dieser Bezeichnung wird eine **große Nähe zu Gott** deutlich gemacht, aber auch eine **Vollmacht:** Söhne sind – im Gegensatz zu Sklaven oder Bediensteten – erbberechtigt und können den Vater in Geschäften vertreten. Aus dem Alten Testament war die Vorstellung bekannt, dass der König bei seiner Inthronisation von Gott eingesetzt und so zu Gottes Sohn wird (vgl. Ps 2,6 f.). In den heidnischen Religionen war die Vorstellung von Halbgöttern, die menschliche Mütter und göttliche Väter hatten, weit verbreitet. Halbgötter, wie z. B. Herakles, traten als ganz besondere Menschen hervor. Deshalb war die Bezeichnung „Sohn Gottes“ sowohl für Juden- als auch für Heidenchristen gut verständlich. Nach Jesu Auferstehung wandte die urchristliche Gemeinde den Begriff „Sohn Gottes“ exklusiv auf Jesus an. Grundlage hierfür war auch das Leben und die Verkündigung Jesu. So hatte er eine besonders innige Beziehung zu Gott als Vater (vgl. seine Anrede „Abba“ Mk 14,36) und die Vatermetaphorik spielt in seiner Verkündigung immer wieder eine Rolle (z. B. im Vaterunser, Mt 6,9 oder Mt 6,32: „euer himmlischer Vater“).

Auf diesem Hintergrund ist auch die Erzählung von der Jungfräulichkeit Marias zu verstehen. Heidnischen Göttersöhnen wurden oftmals jungfräuliche Mütter zugeschrieben. Wenn die Evangelisten analog dazu die Jungfrauengeburt Jesu postulieren, tun sie dies nicht, um eine biologische Sensation darzustellen, sondern um deutlich zu machen, dass Jesus wirklich göttlicher Natur ist.

1.3 Weitere christologische Vorstellungen im Neuen Testament

Neben den christologischen Hoheitstiteln gibt es im Neuen Testament ausführlichere, zusammenhängende Versuche, Herkunft und Hoheit Christi sowie die Bedeutung seines Todes und seiner Auferweckung zu klären. Traditionell werden zwei christologische Modelle besonders hervorgehoben:

Paulus: Christus wurde durch die Auferweckung Gottes Sohn

Zu Beginn seines Briefes an die Römer bekennt sich Paulus zu der Aufgabe, „das Evangelium Gottes zu verkündigen, das er durch seine Propheten im Voraus verheißen hat in den heiligen Schriften: das Evangelium von seinem Sohn, der dem Fleisch nach geboren ist als Nachkomme Davids, der dem Geist der Heiligkeit nach **eingesetzt** ist **als Sohn Gottes** in Macht **seit der Auferstehung** von den Toten" (Röm 1,1 b–4 a).

Nach dieser Aussage ist Christus zunächst als Mensch auf die Welt gekommen, und zwar als Nachkomme Davids. Sohn Gottes wird Christus erst durch die Auferweckung von den Toten. Ab diesem Zeitpunkt ist er von Gott gewissermaßen adoptiert und erhält die entsprechende Macht. Daher nennt man diese Christologie auch **adoptianisch.**

Paulus; Elfenbeinrelief, Antiochia 12. Jh.

Bei den Synoptikern wird die „Adoption" Jesu schon früher in Jesu Biografie verortet, nämlich bei Jesu Taufe. Dort tut Gott kund: „Du bist mein geliebter Sohn, an dir habe ich Gefallen gefunden." (Mk 1,11 f.). Hier beginnt Jesu Gottessohnschaft bereits mit seiner Taufe.

Hintergrund dieser Christologie ist der jüdische Monotheismus. Dort ist der Gedanke an einen quasi zweigeteilten Gott (Jesus auf Erden und Gott im Himmel) fremd. Bekannt dagegen waren Vorstellungen, dass Gott den König Israels als „Sohn" annimmt (Ps 2,7) oder Propheten durch den Willen Gottes besonders erhöht wurden (z. B. Entrückung des Elias in den Himmel, 2 Kön 2,11). Unklar bleibt in diesem Modell, wie Jesus sich genau zu Gott verhält. Steht Jesus als Gottes Sohn Gott nun gleichberechtigt gegenüber oder ist er ihm untergeordnet? Wie verträgt sich dieses Modell letztlich mit dem Monotheismus? Aufgrund dieser Fragen wurde der paulinische Ansatz in späteren Jahrhunderten ergänzt.

Johannes: Jesus existierte schon vor aller Zeit als Sohn beim Vater

Nach dem Prolog des Johannesevangeliums (Joh 1,1–18) existierte Jesus schon vor seiner Menschwerdung bei Gott (V. 1 f: „Im Anfang war das Wort [...] Im Anfang war es bei Gott"). Durch seine Geburt wird er als Mensch Teil der menschlichen Geschichte (V. 9 ff. und V. 14: „Das Wort ist Fleisch geworden"). Passion, Tod und Auferstehung werden nicht explizit erwähnt, allenfalls in den

Versen 10 und 11 angedeutet (V. 10: „Er war in der Welt, [...] aber die Welt erkannte ihn nicht."). Christi Göttlichkeit wird ausdrücklich in V. 18 hervorgehoben. Er ist der Einzige, der Gott ist, und der Einzige, der Gott wirklich kennt: „Niemand hat Gott gesehen. Der Einzige, der Gott ist und am Herzen des Vaters ruht, er hat Kunde gebracht."

Jesus wird hier als Heilsvermittler gesehen: Er bringt das göttliche Licht in die Welt (V. 9), die Fülle der Gnade (V. 16) und die Wahrheit (V. 17). Die angenommene **Präexistenz** Jesu und die starke Betonung seiner **Göttlichkeit** zeichnen diesen Ansatz aus. Dies kann jedoch auch zum Problem werden: Dass Jesus auch ein Mensch war, der vollkommen „ungöttlich" litt und starb, gerät dabei leicht in Vergessenheit.

Zusammenfassung: Jesus in der Verkündigung der urchristlichen Gemeinde

Nach der Auferstehung Jesu erwarteten die christlichen Gemeinden die **Wiederkunft** (Parusie) Christi noch zu ihren Lebzeiten. Auch nachdem diese **Naherwartung** enttäuscht wurde, hofften Christen auf das Erscheinen Christi am Ende der Zeiten.

Christologische Aussagen betreffen Jesus Christus als Sohn Gottes und Retter der Welt. Es wird unterschieden zwischen der Christologie, die auf das Verhalten des historischen Jesus von Nazareth zurückgeht, und der Christologie, die auf der Interpretation der **Urgemeinde** beruht.

In den frühen christlichen Gemeinden wurde die Besonderheit Jesu mit verschiedenen **Titeln** beschrieben. Durch diese Titel werden Aussagen über Jesus präzisiert (er ist der **Messias**) und seine Würde gesteigert (aus „**Herr**" wird „Herr der Welt"). Die Titel werden exklusiv auf Jesus angewandt (nur er ist der „**Sohn Gottes**").

In den urchristlichen Gemeinden gab es sowohl die Vorstellung, dass Jesus durch Adoption zu Gottes Sohn wurde (**adoptianische Christologie**), als auch den Gedanken, dass Jesus schon vor Beginn der Welt bei Gott existierte (**Präexistenz**).

2 Christushymnen

Dem Beginn des Johannesevangeliums (Joh 1,1–18) liegt wahrscheinlich ein sehr altes christliches Lied zugrunde, ein sogenannter Christushymnus. Vergleichbare Hymnen finden sich im Philipperbrief (2,6–11) und im Brief an die Kolosser (1,15–20). Hierbei handelt es sich vermutlich um Lieder, die in Gottesdiensten gesungen wurden. Durch die Verwendung dieser Hymnen stellen sich die Verfasser der biblischen Schriften in die Tradition der Gemeinden.

Die Christushymnen enthalten die ältesten uns bekannten christologischen Aussagen. Sie besingen den auferstandenen, **erhöhten Christus**, die Einzelheiten seines irdischen Lebens spielen keine Rolle. Diese Art der Christologie kann als „**Christologie von oben**" bezeichnet werden, weil sie „oben" beim himmlischen Jesus ansetzt. Auch wenn die Christushymnen im Detail sehr unterschiedlich sind, lassen sich folgende Gemeinsamkeiten feststellen:

Jesus existierte schon vor aller Zeit (**Präexistenz**).

Joh 1,1 Im Anfang war das Wort, und das Wort war bei Gott, und das Wort war Gott.
Kol 1,15 Er ist das Ebenbild des unsichtbaren Gottes, der Erstgeborene der ganzen Schöpfung.
17 Er ist vor aller Schöpfung, in ihm hat alles Bestand.
Phil 2,6 Er [Christus] war Gott gleich.

Er hat Anteil an der **Schöpfung** der Welt.

Joh 1,3 Alles ist durch das Wort geworden, und ohne das Wort wurde nichts, was geworden ist.
Kol 1,16 Denn in ihm wurde alles erschaffen im Himmel und auf Erden, das Sichtbare und das Unsichtbare, Throne und Herrschaften, Mächte und Gewalten; alles ist durch ihn und auf ihn hin geschaffen.

Jesus ist **Mensch** geworden und hat den **Kreuzestod** erlitten.

Joh 1,9 Das wahre Licht, das jeden Menschen erleuchtet, kam in die Welt.
10 Er war in der Welt und die Welt ist durch ihn geworden, aber die Welt erkannte ihn nicht.
11 Er kam in sein Eigentum, aber die Seinen nahmen ihn nicht auf.
14 Und das Wort ist Fleisch geworden und hat unter uns gewohnt, und wir haben seine Herrlichkeit gesehen, die Herrlichkeit des einzigen Sohnes vom Vater, voll Gnade und Wahrheit.
Kol 1,20b Alles im Himmel und auf Erden wollte er [Gott] zu Christus führen, der Frieden gestiftet hat am Kreuz durch sein Blut.
Phil 2,6 Er [Christus] war Gott gleich, hielt aber nicht daran fest, wie Gott zu sein,
7 sondern er entäußerte sich und wurde wie ein Sklave und den Menschen gleich. Sein Leben war das eines Menschen.
8 Er erniedrigte sich und war gehorsam bis zum Tod, bis zum Tod am Kreuz.

Sein Leben und Sterben hat **Heilscharakter** für die Welt.

Joh 1,12 Allen, die ihn aufnahmen, gab er die Macht, Kinder Gottes zu werden.
16 Aus seiner Fülle haben wir alle empfangen, Gnade über Gnade.
Kol 1,19 Denn Gott wollte mit seiner ganzen Fülle in ihm wohnen,
20 um durch ihn alles zu versöhnen. Alles im Himmel und auf Erden wollte er zu Christus führen, der Frieden gestiftet hat am Kreuz durch sein Blut.

Jesus wird als Heilsbringer **angebetet**.

Phil 2,9 Darum hat ihn Gott über alle erhöht und ihm den Namen verliehen, der größer ist als alle Namen,
10 damit alle im Himmel [...] und auf der Erde ihre Knie beugen vor dem Namen Jesu.

Jesus wird als **Herr** bzw. als **Sohn Gottes** verehrt.

Joh 1,14b [...] und wir haben seine Herrlichkeit gesehen, die Herrlichkeit des einzigen Sohnes vom Vater, voll Gnade und Wahrheit.
Phil 2,11 [...] und jeder Mund bekennt: „Jesus Christus ist der Herr" – zur Ehre Gottes, des Vaters.

Das frühchristliche Symbol der Unsterblichkeit und der Auferstehung ist der Pfau, der sich auf vielen Sarkophagen und in Katakombenmalereien findet. Das abgebildete lombardische Beispiel aus dem 8. Jh. verknüpft die Tierdarstellung mit dem Kelch und dem Kreuz, dem Sinnbild der Erlösung durch Christus.

Im Gegensatz dazu setzt die so genannte **„Christologie von unten"** beim Leben und den Werken Jesu ein. Das erscheint uns modernen Menschen leichter zugänglich und in gewisser Weise „ursprünglicher". Die Christushymnen zeigen jedoch, dass die erste christliche Überlieferung vor allem den himmlischen Jesus im Blick hat. Das für uns schwerer Verständliche steht am Anfang und wirkt prägend auf die spätere Überlieferung des Lebens Jesu.

2.1 Der Philipperhymnus: Phil 2,6–11

Im Philipperhymnus sehen wir sowohl Elemente der Präexistenz als auch der adoptianischen Christologie (siehe S. 69 f.): Wie im Johannesevangelium gibt es den Gedanken einer Präexistenz Jesu (V. 6 f.: Christus war „Gott gleich“, wurde aber zum Menschen). Wie in Röm 1 findet sich die Ansicht, dass erst nach dem Kreuzestod die Erhöhung Christi folgt, die Jesus Christus zum „Herrn“ (V. 11) macht (siehe S. 69). Möglich wird dies durch den „Gehorsam“ Jesu, mit dem er den Kreuzestod ertrug (V. 8).

Die zentralen Aussagen des Philipperhymnus sind Erniedrigung und Erhöhung Christi und die Aufforderung, ihn als den Herrn zu bekennen.

Phil 2,6 Er [Christus] war Gott gleich, hielt aber nicht daran fest, wie Gott zu sein,
7 sondern er entäußerte sich und wurde wie ein Sklave und den Menschen gleich.
Sein Leben war das eines Menschen.
8 Er erniedrigte sich und war gehorsam bis zum Tod,
bis zum Tod am Kreuz.
9 Darum hat ihn Gott über alle erhöht und ihm den Namen verliehen,
der größer ist als alle Namen,
10 damit alle im Himmel, auf der Erde und unter der Erde ihre Knie beugen vor
11 dem Namen Jesu
und jeder Mund bekennt:
„Jesus Christus ist der Herr“ –
zur Ehre Gottes, des Vaters.

2.2 Der Kolosserhymnus: Kol 1,15–20

Auch der Kolosserhymnus betont die Gleichheit Jesu mit Gott, konzentriert sich dann aber auf die Vollmacht und das Versöhnungswerk Jesu: Alles untersteht ihm, Mächte und Gewalten ebenso wie der Tod. Jesu Bedeutung für die Menschen liegt in dem Frieden, den er durch den Kreuzestod gestiftet hat, und in der Versöhnung, die durch ihn geschieht. Jesus ist auch das „Haupt“ derer, die an ihn glauben, das Zentrum der Kirche (V. 18).

Kol 1,15 Er ist das Ebenbild des unsichtbaren Gottes,
der Erstgeborene der ganzen Schöpfung.
16 Denn in ihm wurde alles erschaffen
im Himmel und auf Erden,
das Sichtbare und das Unsichtbare,
Throne und Herrschaften, Mächte und Gewalten;
alles ist durch ihn und auf ihn hin geschaffen.
17 Er ist vor aller Schöpfung,
in ihm hat alles Bestand.

18 Er ist das Haupt des Leibes,
der Leib aber ist die Kirche.
Er ist der Ursprung,
der Erstgeborene der Toten,
so hat er in allem den Vorrang.
19 Denn Gott wollte mit seiner ganzen Fülle in ihm wohnen,
20 um durch ihn alles zu versöhnen.
Alles im Himmel und auf Erden wollte er zu Christus führen,
der Frieden gestiftet hat am Kreuz durch sein Blut.

2.3 Der Johannesprolog: Joh 1,1–18

Im Johannesprolog wechseln sich abstrakte Beschreibungen Jesu Christi als Wort, Schöpfer, Leben und Licht ab mit erzählenden Abschnitten über Johannes den Täufer (V. 6–8.15), dessen Aufgabe es war, über Jesus Zeugnis abzulegen. Das Leben Jesu wird nur in Andeutungen beschrieben („kam in die Welt", V. 9; „und wir haben seine Herrlichkeit gesehen", V. 14), der Kreuzestod und die Auferstehung nur indirekt erwähnt („die Welt erkannte ihn nicht", V. 10; „die Seinen nahmen ihn nicht auf", V. 11). Jesu Bedeutung für die Menschen liegt darin, Licht für die Menschen zu sein (V. 4.. 5, 9), und ihnen zu ermöglichen, Gottes Kinder zu werden (V. 12). Jesus bringt Gnade und Wahrheit (V. 16 f.), und vor allem kann er den Menschen Gott unmittelbar nahebringen, weil er derjenige ist, der Gott genau kennt, weil er „am Herzen des Vaters ruht" (V. 18).

Joh 1,1 Im Anfang war das Wort,
und das Wort war bei Gott,
und das Wort war Gott.
2 Im Anfang war es bei Gott.
3 Alles ist durch das Wort geworden,
und ohne das Wort wurde nichts, was geworden ist.
4 In ihm war das Leben,
und das Leben war das Licht der Menschen.
5 Und das Licht leuchtet in der Finsternis,
und die Finsternis hat es nicht erfasst.
6 Es trat ein Mensch auf, der von Gott gesandt war; sein Name war Johannes.
7 Er kam als Zeuge, um Zeugnis abzulegen für das Licht, damit alle durch ihn zum Glauben kommen.
8 Er war nicht selbst das Licht, er sollte nur Zeugnis ablegen für das Licht.
9 Das wahre Licht, das jeden Menschen erleuchtet, kam in die Welt.
10 Er war in der Welt,
und die Welt ist durch ihn geworden,
aber die Welt erkannte ihn nicht.

11 Er kam in sein Eigentum,
aber die Seinen nahmen ihn nicht auf.
12 Allen aber, die ihn aufnahmen,
gab er Macht, Kinder Gottes zu werden,
allen, die an seinen Namen glauben,
13 die nicht aus dem Blut,
nicht aus dem Willen des Fleisches,
nicht aus dem Willen des Mannes,
sondern aus Gott geboren sind.
14 Und das Wort ist Fleisch geworden
und hat unter uns gewohnt,
und wir haben seine Herrlichkeit gesehen,
die Herrlichkeit des einzigen Sohnes vom Vater,
voll Gnade und Wahrheit.
15 Johannes legte Zeugnis für ihn ab und rief: Dieser war es, über den ich gesagt
habe: Er, der nach mir kommt, ist mir voraus, weil er vor mir war.
16 Aus seiner Fülle haben wir alle empfangen,
Gnade über Gnade.
17 Denn das Gesetz wurde durch Mose gegeben, die Gnade und die Wahrheit kamen
durch Jesus Christus.
18 Niemand hat Gott je gesehen. Der Einzige, der Gott ist und am Herzen des
Vaters ruht, er hat Kunde gebracht.

Zusammenfassung: Christushymnen

Die Christushymnen zeigen, dass für die ersten Christinnen und Christen Jesus der Sohn Gottes war, der schon vor allen Zeiten existierte (Präexistenz), die Welt erschuf, Mensch wurde, den Kreuzestod erlitt und den Tod überwand. Durch Jesu Leben und Sterben erhielt die Welt eine neue Heilsordnung, an deren Spitze der erhöhte Christus steht.

Die Christushymnen im Kolosserbrief (Kap. 1), im Philipperbrief (Kap. 2) und im Johannesevangelium (Kap. 1) zeigen, dass die ersten Christen sich nicht so sehr für Details aus dem Leben Jesu oder Predigten Jesu interessierten. Ihr Augenmerk war auf den **erhöhten,** himmlischen Christus, den Erlöser der Welt gerichtet. Dieser Ansatz heißt deswegen „**Christologie von oben**“.

Spätere Generationen versuchten, Jesus zu verstehen, indem sie sein Leben, seine Reden, seine Taten bedachten, und von diesem **irdischen** Jesus ausgehend seine Besonderheit feststellten. Dieser Ansatz wird „**Christologie von unten**“ genannt.

3 Glaubensbekenntnisse

3.1 Christologische Modelle

In den ersten nachchristlichen Jahrhunderten war ein Brennpunkt theologischer Auseinandersetzungen, wie die Trinität (lat. *trinitas* „Dreizahl"), das heißt die Dreieinigkeit Gottes (Vater, Sohn und Heiliger Geist) vorzustellen sei. Die Schwierigkeiten liegen dabei auf zwei Ebenen:

- Die **zwei „Naturen"** Jesu Christi: Einerseits ist Jesus von Nazareth ein sterblicher Mensch gewesen. Andererseits ist Jesus Christus Gott. Wie passen diese beiden Aussagen zusammen?
- Christen verstehen sich als **Monotheisten**, d. h. sie beten nur einen Gott an. Deshalb ist die Auffassung, dass es sich bei Gott, Jesus und dem Geist um drei Götter handelt, ausgeschlossen. Wie lässt sich die Einheit Gottes beschreiben?

In der Auseinandersetzung mit den aufgeführten Fragen sind folgende (oder auch ähnliche) Modelle entwickelt worden:

Das modalistische Modell

Gott, Jesus und Heiliger Geist sind nur **verschiedene Erscheinungsformen** (lat. *modi*) eines Gottes. Das Modell wirft das Problem auf, dass Gott (in der Verkörperung von Jesus) am Kreuz kaum gestorben sein kann, denn Gott selbst ist ja unsterblich. Diesem Problem wird mit zwei möglichen Lösungsvorschlägen begegnet: Entweder war Jesus kein echter Mensch und ist nicht wirklich am Kreuz gestorben oder der göttliche Geist ist kurz vor dem Tod aus Jesus gewichen. Beide Lösungen sind unbefriedigend, weil dann der Kreuzestod Jesu nicht mehr direkt mit Gott zu tun hätte und daher keine wirkliche Erlösungstat gewesen wäre. Daher wurde diese Vorstellung als häretisch (von griech. *hairesis* „das Nehmen, die Wahl": ketzerisch) verworfen.

Das subordinatorische Modell

Gottvater hat den Sohn und Heiligen Geist geschaffen, diese sind ihm daher untergeordnet (lat. *subordinatus*). Dieses Modell ist nicht mit dem Monotheismus zu vereinbaren, da hier leicht die Vorstellung von mehreren Göttern unterschiedlichen Ranges entstehen kann.

Das trinitarische Modell

Das trinitarische Modell versucht, sowohl die Dreizahl als auch die Einheit Gottes zu verdeutlichen: Es gibt nur einen einzigen Gott, der sich in drei **Personen** oder **Seinsweisen** (**Hypostasen**) aufteilt: Vater, Sohn und Geist. Diese Personen sind **eines Wesens**, das heißt sie sind **ewig** und **einander völlig gleichgestellt**. Gleichzeitig sind die Personen **voneinander unterschieden**. Jesus Christus ist (im Gegensatz zum Vater) tatsächlich Mensch geworden und tatsächlich gestorben.

Dieses Modell widerspricht unserer alltäglichen Logik, weil die Personen der Trinität einerseits eigenständige Persönlichkeiten darstellen, andererseits gleichzeitig ein Einziger sind. Es ist daher leicht möglich, die trinitarische Gottesvorstellung als unlogisch, spitzfindig oder zu kompliziert abzutun. Aber dieses Modell bietet viele Vorteile: Gerade weil es sich unserer vordergründigen, alltäglichen Logik entzieht, zeigt sich in der Trinität etwas von dem Geheimnis

Ähnlich wie die Trinität durchbricht dieses Bild unsere Alltagslogik: „Wasserfall“, Lithografie von M. C. Escher, 1961.

Gottes. Gott ist gerade kein Gegenstand, über den wir sachlich verfügen können. Gleichzeitig entsprechen die einzelnen Aussagen des trinitarischen Modells den Erfahrungen vieler Christinnen und Christen: Jesus wird als Bruder, aber auch als Gott erfahren; Gottvater, Sohn und Geist werden unterschiedlich angesprochen, aber in dem Bewusstsein, dass es nur einen einzigen Gott gibt.

Das heutige trinitarische Modell ist im Laufe mehrerer Jahrhunderte entstanden. Zugrunde liegen ihm insbesondere das nizänische Glaubensbekenntnis (325 n. Chr.) und die Lehre von den zwei Naturen Christi, die maßgeblich im Chalkedonense (451 n. Chr.) dargelegt wurde.

3.2 Glaubensaussagen vor 325 n. Chr.

Die ersten christlichen Gemeinden bekannten ihren Glauben an Jesus Christus im Gebet und in Liedern, kannten aber kein für alle Gemeinden verbindliches christliches Glaubensbekenntnis. Von christlichen Bischöfen gingen Bemühungen aus, ihre Gemeinden vor falschen Lehren zu warnen. So schreibt Ignatius von Antiochien (gest. ca. 115) an die Trallianer (Trall 9,1 f.):

(1) Werdet darum taub, wenn jemand fern von Jesus Christus euch etwas vorschwatzt, [ihm,] dem aus Davids Geschlecht, dem aus Maria, der wahrhaftig geboren wurde, aß und trank, wahrhaftig unter Pontius Pilatus verfolgt, wahrhaftig gekreuzigt wurde und starb vor den Augen der himmlischen, irdischen und unterirdischen Mächte, (2) der auch wahrhaftig auferweckt ward von den Toten, indem sein Vater ihn erweckte, welcher auch die an ihn glauben, nach seinem Gleichbild auferwecken wird in Christus Jesus, fern von dem wir kein wahres Leben haben.

Zitiert nach Adolf M. Ritter: Alte Kirche, Neukirchener Verlag: Neukirchen-Vluyn ^{4}1987, S. 16.

Schon dieses frühe Zeugnis von Jesus Christus birgt wesentliche Bestandteile des apostolischen Glaubensbekenntnisses, das bis heute im Gottesdienst gesprochen wird. In den folgenden zwei Jahrhunderten gab es weitere Bekenntnisse, die z. B. bei Taufen gesprochen, aber nicht vereinheitlicht wurden.

3.3 Das nizänische Glaubensbekenntnis

Während der ersten drei Jahrhunderte nach Christus waren die Auseinandersetzungen über das Wesen der Trinität innerchristliche Angelegenheiten, die – im Vergleich zu den Christenverfolgungen – durchaus nicht ständig aktuell waren. Dies änderte sich jedoch, nachdem Kaiser Konstantin 313 n. Chr. die christliche Religion tolerierte und sie neben den heidnischen Staatskulten gleichberechtigt ausüben ließ. Jetzt bekamen theologische Auseinandersetzungen einen anderen Stellenwert. Es spielten nicht mehr nur theologische und gemeindebezogene Überlegungen eine Rolle, sondern auch machtpolitische. Der römische Kaiser hatte ein Interesse daran, dass das Christentum eine möglichst einheitliche Größe darstellte. Ein durch theologische Auseinandersetzungen und Machtkämpfe zerstrittenes Christentum hätte für den Staat keine stabilisierende Wirkung gehabt. Doch gerade daran war Konstantin gelegen.

Die Entstehung des ersten großen Glaubensbekenntnisses, des nizänischen Bekenntnisses, wurde sehr stark von diesen Interessen Kaiser Konstantins beeinflusst. Er stellte die Weichen in einem Streit um das Wesen des dreieinen Gottes, der über die Lehren des Arius entbrannt war.

Konstantin I. (312–337 n. Chr.)

Die arianischen Streitigkeiten

Arius war ein Presbyter (Theologe ohne Priesteramt) aus Alexandrien und vertrat eine Spielart des subordinatorischen Modells. Er behauptete, dass Jesus nicht auf der gleichen Stufe mit Gott zu sehen sei, vielmehr sei Jesus das Geschöpf und das Werk Gottes; dementsprechend sei Jesus weder ewig (da er einen Anfang hat) noch eines Wesens mit Gott. Arius wollte mit dieser Lehre der Vermutung vorbeugen, Gott sei teilbar (in Gott und Jesus) und wandelbar (als Gott und Mensch) und könne wie ein Mensch leiden.

Diese Lehre rief in seiner eigenen und anderen Gemeinden große Empörung hervor, Arius wurde 319 n. Chr. aus der Kirche ausgeschlossen, was den Streit aber nicht zum Erlöschen brachte.

Das Konzil von Nizäa (325 n. Chr.)

Zur selben Zeit steckte Kaiser Konstantin in politischen Schwierigkeiten, die er erst 324 beilegen konnte. 325 wurde dann auf Betreiben Konstantins eine Versammlung aller maßgeblichen christlichen Bischöfe einberufen, das Konzil von Nizäa. Dort widersetzte sich die Mehrzahl der Bischöfe dem arianischen Standpunkt. Es wurde erstmals ein verbindliches Glaubensbekenntnis formuliert, in dem die Wesenseinheit (griech. „*homoousios*") zwischen Gott und Jesus Christus festgestellt wurde: „Wir glauben an [...] Jesus Christus, den Sohn Gottes,

[…] wahrhaftiger Gott aus wahrhaftigem Gott, geboren, nicht geschaffen, eines Wesens mit dem Vater […].“

Das wesentliche Ziel der Verantwortlichen der Kirche, eine Beschreibung zu finden, die der Einheit Gottes und dem Heilsgeschehen in Jesus Christus Rechnung trug, war in Nizäa erreicht worden. Damit waren die Auseinandersetzungen jedoch nicht beendet. Die Frage nach einer Erklärung und Ausdeutung der Trinität stellt bis heute Glauben und Intellekt vor neue Herausforderungen.

3.4 Das Chalkedonense[13] (451 n. Chr.)

Nachdem in Nizäa verbindlich festgelegt wurde, dass Jesus Christus und Gott wesensgleich sind, trat ein anderes Problem in den Vordergrund: Wenn Jesus Christus Gott ist, was ist dann mit seiner menschlichen Natur? Ist er vielleicht gar kein richtiger Mensch gewesen? In der Kirche des 4. und 5. Jahrhunderts gab es darüber unterschiedliche Auffassungen. In den Extremen betonte die eine Richtung die Göttlichkeit Jesu, während sich die andere auf die Menschlichkeit Jesu konzentrierte. An dieser Auseinandersetzung drohte die Kirche zu zerbrechen. Aus diesem Grunde wurde auf dem Konzil von Chalkedon (in der heutigen Türkei) neben dem nizänischen Glaubensbekenntnis ein weiterer Lehrsatz zu den Glaubenslehren aufgenommen. Dieser Lehrsatz, das sogenannte Chalkedonense, versucht beide Extreme zu vermeiden und betont sowohl die göttliche als auch die menschliche Natur Jesu, die in einer Person zusammenkommen. Das Chalkedonense bekennt den „einen Herrn Jesus Christus […] wahrhaft Gott und wahrhaft Mensch […] wesensgleich mit dem Vater nach seiner Gottheit und wesensgleich mit uns nach seiner Menschheit […] einen und denselben Christus, Sohn, Herrn, Einziggeborenen, in zwei Naturen, unvermischt, unverwandelt, ungetrennt und unzerteilt, wobei die Unterschiedenheit der Naturen um der Einheit willen auf keine Weise aufgehoben wird […] und doch zu einer Person […] vereinigt wird […]“

Das Chalkedonense will sagen, dass sowohl das Mensch-Sein als auch das Gott-Sein zu Jesus gehören. Die paradoxe Aufzählung „unvermischt, unverwandelt, ungetrennt und unzerteilt“ soll verdeutlichen, dass sich Göttliches und Menschliches in Jesus nicht mischen, er also nicht ein „menschlich verwässerter Gott“ oder ein „göttlich angehauchter Mensch“ ist. Das „ungetrennt/unzerteilt“ soll darauf hinweisen, dass Jesus nicht in zwei unterschiedliche Wesen aufgeteilt werden kann, einen Gott im Himmel und einen Menschen auf

13 Es existiert auch die Schreibweise „Chalcedonense“.

Bilder zum Glaubensbekenntnis von der Bronzetür der Kirche des Klosters Marienthal (Niederrhein)

der Erde, sondern dass es sich immer um dieselbe, einzigartige Person handelt. Auch hat sich der Mensch Jesus nicht zu einem Gott verwandelt oder umgekehrt.

Diese Lehrmeinungen sind nicht direkt dem Neuen Testament zu entnehmen, sie spiegeln vielmehr eine Reflexion der biblischen Zeugnisse und der christlichen Erfahrungen wider. Auch wenn sich heute nur noch wenige mit diesen Glaubenssätzen genauer auseinandersetzen, sind doch die modernen christlichen Glaubensrichtungen – so unterschiedlich sie auch sein mögen – von diesen alten Erkenntnissen geprägt.

Zusammenfassung: Glaubensbekenntnisse

Das nizänische Glaubensbekenntnis stellt fest, dass Jesus Christus **wahrer Gott** aus dem Sein des Vaters, **wesenseins** mit diesem ist. Damit postuliert es die Einheit Gottes mit Jesus Christus und verwirft alle Lehren, die Jesus als untergeordnet ansehen. Der strenge Monotheismus des Christentums wird dadurch gewahrt und zugleich die Gottheit Jesu ausgesagt.

In dem 451 in Chalkedon formulierten Lehrsatz, dem sogenannten Chalkedonense, geht es um die **zwei Naturen Jesu Christi**. Das Chalkedonense bekräftigt, dass Jesus Christus wahrer Mensch und wahrer Gott ist und dass diese beiden Naturen „unvermischt, unverwandelt, ungetrennt und ungeteilt" in der einen Person Jesu bestehen.

Jesus heute

Über viele Jahrhunderte hinweg war das Christentum die unangefochtene und unhinterfragte Religion des Abendlandes. Seit der Aufklärung geriet der christliche Glaube mehr und mehr in das Kreuzfeuer der Kritik. Im 20. Jahrhundert vollzog sich in Deutschland ein großer Bewusstseinswandel gegenüber dem Christentum: Zu Beginn des Jahrhunderts war der christliche Glaube noch die weithin akzeptierte Religion, heute haben viele Menschen wenig Bezug zum Christentum und meist noch weniger zur Institution Kirche.

Trotz – oder vielleicht gerade wegen – dieser Kritik an der Religion ist das Interesse an der Person Jesu Christi im 20. Jahrhundert nicht erloschen. Dabei entstehen zahlreiche Jesusbilder, die in ihrer Vielfältigkeit unsere zunehmend pluralistische Gesellschaft widerspiegeln.

Im Folgenden wird an einigen Beispielen gezeigt, welche Rolle Jesus Christus im 20. Jahrhundert gespielt hat.

1 Der eine Herr – die Barmer Theologische Erklärung

Zu Beginn des 20. Jahrhunderts wurde vor allem im Protestantismus die christliche Religion für die Basis und Garantin der bürgerlichen Gesellschaft gehalten; die Kirche hatte eine staatstragende Rolle.

Einer der theologischen Entwürfe des 20. Jahrhunderts stellte sich dieser säkularen Rolle der Religion allerdings entgegen. In der **dialektischen Theologie** wurde streng zwischen Gott und Menschen getrennt – zwischen beiden liege ein unüberwindlicher Graben. Religion wurde als eine menschliche Angelegenheit angesehen und daher abgelehnt.

Der einzige Punkt, an dem Gott die Menschen erreicht habe, sei in der Offenbarung Jesu Christi. Deshalb spielt die Christologie in der dialektischen Theologie eine große Rolle. Auch wenn dieser Ansatz in seiner Radikalität sehr problematisch ist, hat er seine Stärke und Berechtigung in Deutschland in der Zeit des Nationalsozialismus (1933–1945) gezeigt.

Damals war die evangelische Kirche in Deutschland einer Zerreißprobe ausgesetzt. Ein großer Teil der evangelischen Christen identifizierte sich mit der Politik der NSDAP und folgte Adolf Hitler. Andere dagegen lehnten Hitler ab. Im Zuge der Gleichschaltung, d. h. der Unterordnung aller staatlichen und nichtstaatlichen Organe unter die Kontrolle der NSDAP, wurden auch die wesentlichen Posten der Kirche von „**Deutschen Christen**“, den Anhängern Hitlers, besetzt. Sie bestimmten nun die offizielle Linie der evangelischen Kirche.

Dieser gleichgeschalteten Kirche widersetzte sich eine ganze Reihe von Theologen und Laien, Männer wie Frauen. In der „**Bekennenden Kirche**“ leisteten sie Widerstand gegen Hitlers Politik. In ihren theologischen Ansichten waren sie von der oben genannten dialektischen Theologie beeinflusst. Auf diesem Hintergrund erhielt die Bekennende Kirche ihr theologisches Fundament auf der Bekenntnissynode in Barmen vom 29.–31. Mai 1934, also gut ein Jahr nach Hitlers Machtergreifung. In der dort verabschiedeten „**Barmer Erklärung**“ wird christologisch begründet, warum Widerstand gegen staatliche Macht gerechtfertigt sein kann.

Die Erklärung besteht aus sechs Thesen, die nach dem strengen Muster (1) Bibelzitat, (2) Deutung des Zitats, (3) Verwerfung anderer Meinungen aufgebaut sind. Sie wurde maßgeblich von den Theologen Karl Barth, Hans Asmussen und Thomas Breit entworfen und auf der Barmer Synode als Bekenntnis der Bekennenden Kirche verabschiedet.[14]

These 1:

(1) Jesus Christus spricht: Ich bin der Weg und die Wahrheit und das Leben, niemand kommt zum Vater denn durch mich (Joh 14,6).

Wahrlich, wahrlich ich sage euch: Wer nicht zur Tür hineingeht in den Schafstall, sondern steigt anderswo hinein, der ist ein Dieb und Räuber. Ich bin die Tür; wenn jemand durch mich hineingeht, wird er selig werden (Joh 10,1; 9).

(2) Jesus Christus, wie er uns in der Heiligen Schrift bezeugt wird, ist das eine Wort Gottes, das wir zu hören, dem wir im Leben und im Sterben zu vertrauen und zu gehorchen haben.

(3) Wir verwerfen die falsche Lehre, als könne und müsse die Kirche als Quelle ihrer Verkündigung außer und neben diesem einen Worte Gottes auch noch andere Ereignisse und Mächte, Gestalten und Wahrheiten als Gottes Offenbarung anerkennen.

Die erste These zeigt bereits deutlich, dass das theologische Zentrum der Barmer Erklärung Jesus Christus ist. Die Barmer Erklärung stellt fest, dass es für Christen nur die eine Offenbarung Gottes, nämlich Jesus Christus gibt. Dies klingt sehr einfach und für Christen eigentlich selbstverständlich – doch 1934 waren dies gewagte Aussagen. Die Verwerfung macht es deutlich: Außer Jesus gibt es keine anderen Ereignisse, Mächte und Gestalten, die von Gott kommen. Diese Aussage steht im klaren Gegensatz zu Hitlers Selbstanspruch und dem Glauben der Deutschen Christen, die Hitlers Machtergreifung als ein von Gott

14 Die Thesen finden sich abgedruckt in den evangelischen Gesangbüchern. Der folgende Abschnitt findet sich im Evangelischen Gesangbuch der Evangelisch-Lutherischen Kirchen in Bayern und Thüringen, ^{2}1995, S. 1578 f.

gewolltes Ereignis ansahen und Hitlers Führerrolle eine religiöse Dimension beimaßen.

Die zweite These wird noch deutlicher, indem sie erklärt, dass es keinen Lebensbereich gibt, in dem nicht Jesus der Herr ist. Praktisch hat dies zur Konsequenz, dass der staatlichen Macht und ihren Gesetzen nur so lange gehorcht werden kann, wie sie nicht im Widerspruch zum Glauben an Jesus Christus stehen.

Diese ausschließliche Ausrichtung auf Jesus Christus ist immer wieder als zu einseitig kritisiert worden. Aber es war gerade diese Einseitigkeit, die den gefährlichen Widerstand gegen die Ideologie des 3. Reiches möglich machte.

Dass Jesus Christus die Mitte dieses Bekenntnisses ist und nicht etwa Gott oder die gesamte Trinität, lässt sich anhand der ersten These erklären. Jesus Christus wird als das „eine Wort", die „Offenbarung" Gottes angesehen. An ihm ist deutlich geworden, wer Gott ist und was Gott will. In der Person Jesu Christi ist Gott in die menschliche Geschichte eingetreten und wird so für die Gläubigen sehr konkret. Es ist möglich, Christus bildlich darzustellen, es ist möglich, sich mit Christi Situation und Leiden in der Welt zu identifizieren. Die Person Jesu ist „greifbarer", den Menschen näher als ein abstrakter Gott. Deshalb liegt es nahe, sich in einer konkreten historischen Situation auf ihn zu berufen.

Trotzdem ist die Barmer Erklärung eine „Christologie von oben". Sie setzt nicht explizit bei den Taten Jesu oder der Bergpredigt an; sie sagt nicht, dass Jesu Beispiel lehrt, einer Diktatur Widerstand entgegenzubringen (auch wenn dies vielleicht implizit mitgedacht ist). Widerstand gegen weltliche Mächte ist vielmehr deshalb möglich, weil der auferstandene Christus der einzige Herr ist, dem ein Christ oder eine Christin untersteht.

Zusammenfassung: Der eine Herr – die Barmer Theologische Erklärung

Die Christologie der Barmer Theologischen Erklärung begründet den Widerstand der Bekennenden Kirche gegen Hitler. Die Bekennende Kirche verweigerte Hitler die Gefolgschaft, weil sie neben Jesus Christus keine weitere Offenbarung Gottes akzeptierte und die Treue zu Christus für sie wichtiger war als die Treue zum Führer.

2 Der politische Jesus

Jesu Wirken und seine Verkündigung betraf Menschen, die unter sehr bedrückenden Lebensumständen lebten und sich nach einer Veränderung der Verhältnisse sehnten. Sie hofften, dass Jesus der Messias sei, der ihnen Frieden und Gerechtigkeit bringen würde. Es ist unumstritten, dass Jesu Verkündigung nicht nur die individuelle Frömmigkeit betrifft, sondern auf eine Veränderung im Miteinander der Menschen abzielt. Dieser **gesellschaftliche Anspruch Jesu** wird an folgenden Stellen besonders deutlich:

- In der Feldrede (Lk 6,20–49) werden die Armen und die Hungernden selig gesprochen (V. 20 f.) und die Reichen verflucht (V. 24).
- In der Bergpredigt (Mt 5–7) fordert Jesus gute Werke (Mt 5,16) und Almosen (6,1–4) sowie einen Umgang, der von Verständnis, Vergebung und Großzügigkeit geprägt ist (5,21–26; 5,38–42). Darüber hinaus geht noch das Gebot der Feindesliebe (5,44). In Bezug auf Reichtum gibt es ein schroffes „Entweder – oder“: Wer zu Gott gehören will, kann nicht dem Geld dienen (6,24).
- Reichtum wird von Jesus durchweg kritisch gesehen. „Eher geht ein Kamel durch ein Nadelöhr, als dass ein Reicher in das Reich Gottes gelangt“ (Mt 19, 24). Der Auftrag an den reichen, gottesfürchtigen Jüngling, der diesem Satz vorangeht, ist klar: „Wenn du vollkommen sein willst, geh, verkauf deinen Besitz und gib das Geld den Armen.“ (Mt 19,21)
- Am Ende des Matthäusevangeliums spricht Jesus von seiner Wiederkehr und vom Weltgericht. Als entscheidendes Kriterium für die Aufnahme in das Reich Gottes nennt Jesus das, was ein Mensch für andere tut: den Hungrigen und Durstigen Nahrung geben, für die Obdachlosen sorgen, die Krankenpflege und Betreuung von Gefangenen (Mt 25,31–46). „Was ihr für einen meiner geringsten Brüder getan habt, das habt ihr mir getan.“ (V. 40)

Diese Forderungen Jesu haben Christen von Anfang an Schwierigkeiten bereitet. Würden sich alle Christen daran halten – wie sähe die Welt aus! Die meisten schrecken vor der radikalen Forderung „alles verschenken und den Armen geben“ ebenso zurück wie der reiche Jüngling im Evangelium. Deshalb werden Jesu Handlungsanweisungen oft als „unerfüllbar“ relativiert.

Doch im Christentum gab es immer wieder Bestrebungen, das Ideal des Verzichts auf Reichtum auch wirklich zu leben. Bekannte Beispiele sind – auf katholischer Seite – verschiedene Orden oder – auf evangelischer Seite – die Amish-People in den USA, die aus religiösen Gründen einen sehr einfachen Lebensstil haben. Meistens zeichnen sich solche Gruppen dadurch aus, dass sie eher im Stillen leben und wirken. Im 20. Jahrhundert gab es jedoch auch christliche Bewegungen, die versuchten, Jesu Lehre von Gerechtigkeit auf einer größeren politischen Ebene durchzusetzen.

Die **Befreiungstheologie** entstand im Kontext der katholischen Theologie Lateinamerikas, wo die gesellschaftlichen Ungerechtigkeiten besonders gravierend sind. Während die katholische Kirche sich traditionellerweise auf die Seite der Besitzenden stellt, gibt es seit den 1960er-Jahren immer wieder katholische Priester, die aufseiten der Armen stehen. Inspiriert sind diese Geistlichen einerseits von der Lehre Jesu Christi, andererseits vom Marxismus.

Diese Priester halfen bei der Gründung von „**Basisgemeinden**", die nach urchristlichen und kommunistischen Idealen lebten und die Bibel studierten. Dabei erkannten die Gemeindemitglieder, dass ihre Armut und ihre bedrückenden Lebensumstände nicht dem Willen Gottes entsprachen und versuchten aktiv, ihre Situation zu ändern. Dies stieß auf den Widerstand der Besitzenden, die nicht wollten, dass sie billige Arbeiter oder Land verlieren. Dies führte zum Teil zu regelrechten Guerillakriegen, bei denen die Campesinos (span. „Landbevölkerung, Bauern, Habenichtse") meist unterlagen. Die Priester betonten, dass die Armen das Recht hätten, wenn nötig auch mit Gewalt für ein besseres Leben zu kämpfen, und unterstützten die Campesinos. Von vielen Seiten kritisiert, nahmen die Priester Repressionen, Verfolgung und sogar den Tod auf sich – mit dem Hinweis auf den Leidensweg Jesu. Die Priester blieben der katholischen Kirche treu, obwohl sie von dieser in ihrer Arbeit oft behindert wurden.

Das **Kreuz** Jesu spielt in der Befreiungstheologie eine zentrale Rolle, denn es bietet einen Identifikationspunkt für Menschen, die an ihren Lebensumständen verzweifeln. Der leidende Jesus am Kreuz ist ihnen in seinen Schmerzen, seinem Scheitern und seiner Einsamkeit nahe. Doch da Jesu Geschichte nicht am Kreuz endet, ist es auch das Sinnbild für die Hoffnung, dass am Ende der Welt nicht das Leid siegen wird. Dieses Paradox, dass in Christi Scheitern der Anlass für die Auferstehung liegt, gibt Menschen Mut und Durchhaltevermögen, auch wenn sie in ihrem Leben immer wieder die Erfahrung des Scheiterns machen.

Der Name „Befreiungstheologie" steht also für das Programm, Menschen aus ungerechten Verhältnissen zu befreien. Zielgruppen sind Menschen in Kriegsgebieten, in Ländern, in denen eine reiche Oberschicht die Mehrheit in Armut leben lässt, Menschen in den Slums der großen Städte, Straßenkinder, Prostituierte, Kleinkriminelle und Bettler. Insofern haben sich je nach Land und Lage unterschiedliche Befreiungstheologien herausgebildet. So gibt es in den USA die „schwarze" Befreiungstheologie, die für die Chancengleichheit der Afroamerikaner kämpft, und die feministische Befreiungstheologie wendet sich an Frauen überall dort, wo sie unterdrückt werden.

In den letzten Jahren ist es in Deutschland still um die Befreiungstheologien geworden. Aber im Zeitalter der Globalisierung betreffen die Probleme der sogenannten „3. Welt“ auch Europa. Allerdings ist die ausdrückliche Kritik der Befreiungstheologie an den Industrienationen unbequem: Wie kann eine Parteinahme für die Armen aussehen? Wie stellt sich die Welt aus den Augen derer dar, die nicht auf der Sonnenseite dieses Planeten geboren wurden?

Es ist leichter, sich von der Armut zu distanzieren, besonders, weil es viele Gründe für die Armut gibt und selten jemand direkt für die Armut anderer verantwortlich ist. Doch wer Armut erfahren hat oder arme Menschen kennt, verliert den distanzierten Blick. Aus den Augen der Armut betrachtet, stellen Jesu Forderungen an die Reichen keine Zumutung dar, sondern geben Hoffnung und Trost.

Die Befreiungstheologie erinnert daran, dass Christen dazu aufgerufen sind, bereits in dieser Welt – soweit es ihnen möglich ist – ein Stück „himmlischer“ Gerechtigkeit zu verwirklichen. Deshalb können und dürfen sie offensichtlich ungerechte gesellschaftliche Umstände nicht einfach hinnehmen. Die Frage ist, welche Wege dabei eingeschlagen werden. Hier gibt es kein Patentrezept und keine fertigen Antworten.

Es gibt die unterschiedlichsten Bemühungen von Christen, auf diesem Gebiet aktiv zu werden. Verschiedene christliche Kirchen versuchen in zahlreichen Ländern, mit dem konziliaren Prozess für Gerechtigkeit, Frieden und die Bewahrung der Schöpfung Impulse zu geben. In Südafrika hat der Einsatz der christlichen Kirchen dazu beigetragen, die Apartheid international zu ächten und langfristig zu beenden. Christliche Unternehmen wie die Gepa (Gemeinschaft für partnerschaftlichen Handel) geben Betrieben in Ländern der sogenannten „3. Welt“ die Chance, durch fairen Handel ein menschenwürdiges Leben zu führen. Verschiedene Aktionen kämpfen für eine langfristige Entschuldung der „3. Welt“, um einen wirtschaftlichen Neuanfang zu ermöglichen. Gemeinsam ist allen diesen Aktionen, dass sich ihre Initiatoren auf Jesus Christus berufen.

Zusammenfassung: Der politische Jesus

Die **Befreiungstheologie** entstand in katholischen Gemeinden Lateinamerikas mit dem Anliegen, die von Jesus geforderte bessere Gerechtigkeit auch politisch umzusetzen. Diese Theologie ergreift Partei für die Randgruppen, die Jesus besonders angesprochen hat: Arme, Unterdrückte, Ausgebeutete und Frauen. Umstritten ist die Befürwortung auch gewaltsamer Mittel zum Erreichen der politischen Ziele.

Das **Kreuz** ist zugleich das Symbol des Leides und der Hoffnung.

3 Jesus, der Jude

Die Erkenntnis, dass Jesus von Nazareth Jude war und vor dem Hintergrund jüdischer Religion und Philosophie verstanden werden muss, hat sich erst in den Siebziger- und Achtzigerjahren des 20. Jahrhunderts wirklich durchgesetzt.

Die Aussage „Jesus war Jude“ hat Wirkungen in zwei Richtungen: Für Christen bedeutet sie, dass sie das Judentum nicht als eine überholte oder gar eine Religion „zweiter Klasse“ verstehen dürfen. Für Juden dagegen bedeutet sie, dass sie Jesus – in dessen Namen sie verfolgt, geknechtet und getötet wurden – als einen der ihren wahrnehmen können.

1967 veröffentlichte der jüdische Philosoph **Schalom Ben-Chorin** das Buch „**Bruder Jesus**“, in dem er eine solche jüdische Annäherung an Jesus versucht. Er sieht in Jesus seinen jüdischen Bruder:

> Ich spüre seine brüderliche Hand, die mich fasst, damit ich ihm nachfolge. Es ist *nicht* die Hand des Messias, diese mit den Wundmalen gezeichnete Hand. Es ist bestimmt *keine göttliche,* sondern eine *menschliche* Hand, in deren Linien das tiefste Leid eingegraben ist.

Schalom Ben-Chorin: Bruder Jesus. Der Nazarener in jüdischer Sicht, Gütersloher Verlagshaus 2005, S. 11.

In diesem Zitat wird deutlich, worin sich Juden und Christen bei aller Annäherung unterscheiden. Für Juden mag Jesus eine herausragende oder interessante Persönlichkeit gewesen sein, ein typischer Jude, aber auf gar keinen Fall jemand, der die Grenzen des Menschlichen sprengt. Für Christen dagegen ist Jesus der verheißene Messias, der Sohn Gottes, der durch seinen Tod und seine Auferweckung die Welt erlöst hat.

3.1 Geschichtlicher Rückblick: Juden und Christen

Wer sich die Geschichte von Juden und Christen vor Augen führt, erkennt, dass die Annäherung Ben-Chorins an Jesus keine Selbstverständlichkeit ist. Über Jahrhunderte war die normale Haltung zwischen Juden und Christen Ablehnung. In der ersten Hälfte des ersten Jahrhunderts waren Christen eine kleine jüdische Sekte, die Jesus als den Messias verehrte, sich ansonsten aber an jüdische Bräuche hielt. Dazu gehörten in besonderer Weise die Beschneidung, die Einhaltung der Speise- und Reinheitsgebote und der Dienst im Tempel.

Mit zunehmender Heidenmission gab es christliche Gruppierungen, die nicht aus einem jüdischen Hintergrund stammten und die sich mit der Beschneidung und der Einhaltung der Speisegesetze schwertaten. Zunächst war es wohl selbstverständlich, dass ein Heide, der ein Anhänger Jesu war, Jude werden musste. Doch besonders der (judenchristliche) Apostel Paulus, der in der Heidenmission aktiv war, setzte durch, dass Heiden auch unbeschnitten bleiben konnten, wenn sie sich zum Christentum bekehrten. Dadurch war jedoch ein Bruch mit dem Judentum vorgezeichnet.

Nach der Zerstörung des Jerusalemer Tempels (70 n. Chr.) gab es kaum noch Berührungspunkte zwischen Heidenchristen und Juden, dafür umso mehr Streitpunkte. Die Christen konnten sich nicht damit abfinden, dass die Juden Jesus nicht als den Messias anerkannten. Schon die Berichte der Evangelien verdeutlichen, dass die Christen die Verantwortung am Tod Jesu den Juden unterschoben: Juden galten als „Christusmörder". Dieser Vorwurf beruht nicht auf den historischen Tatsachen (die römische Besatzungsmacht ermordete Jesus), sondern entspringt der Auseinandersetzung zwischen Juden und Christen zur Zeit der Evangelisten.

Aus jüdischer Sicht waren Christen Ungläubige, die sich nicht mehr an die Gebote Gottes und die Tora hielten. Daher standen die Juden den Christen grundsätzlich ablehnend gegenüber. So sind aus jüdischen Quellen Polemiken gegen Jesus bekannt. Seine jüdische Herkunft wird in Zweifel gezogen, er gilt als unehelicher Sohn eines römischen Soldaten. Andere Quellen verdächtigen Jesus der schwarzen Magie. So waren Judentum und Christentum ab dem Ende des ersten Jahrhunderts zwei getrennte Religionen.

Im heidnischen römischen Reich hatten beide Religionen einen ähnlich unsicheren Stand. Es gab Phasen grausamer Christenverfolgung, aber auch Juden mussten immer wieder Verfolgung und staatliche Repressionen ertragen. Doch nachdem die christliche Religion im 4. Jahrhundert die offizielle Religion des Römischen Reiches wurde, hatte das Christentum die politische und staatliche Macht hinter sich. Dies wurde innerhalb des Christentums als Sieg des christlichen Gottes begriffen. Die Differenzen zum Judentum vergrößerten sich, ebenso die Möglichkeiten der Christen, ihren jüdischen Nachbarn zu schaden.

Daraufhin folgte eine fast 1 600 Jahre währende Geschichte der Unterdrückung, Verfolgung und Ermordung von Juden durch die Christen. Dazwischen gab es zwar immer wieder Phasen der friedlichen Koexistenz, die aber nicht zu einem bleibenden Respekt der Christen gegenüber den Juden führten. Wann immer die politische Lage Sündenböcke notwendig machte, war das Leben von Juden bedroht.

In der Neuzeit wurde die Ablehnung der jüdischen Religion mit der Rassenlehre vermischt. Der Antisemitismus in Deutschland erreichte seinen schrecklichen Höhepunkt im Dritten Reich, als Millionen von Juden aus „Rassengründen" ermordet wurden. Das Ausmaß dieser Verbrechen erschüttert die Menschen bis heute.

Weil die Naziideologie alles Jüdische als minderwertig ansah, verstiegen sich christliche Gelehrte unter den Nazianhängern sogar dazu, die jüdische Herkunft Jesu zu leugnen. Die Abneigung gegenüber dem Judentum saß so tief, dass selbst Christen, die sonst gegen Hitler waren, nicht klar und deutlich ihre Stimme für ihre jüdischen Mitbürger erhoben. Im Bewusstsein dieser Schuld ist es für Christinnen und Christen wichtig, den jüdischen Hintergrund Jesu zu kennen und zu respektieren.

3.2 Jesus war Jude

Schalom Ben-Chorins Buch „Bruder Jesus" zeigt an vielen Punkten, dass Jesu Lehren denen eines jüdischen Rabbis entsprechen. Ben-Chorin sieht Jesus in der **pharisäischen Tradition** verortet (siehe S. 19 f.). Im Judentum gibt es zur hebräischen Bibel eine reiche Auslegungstradition sowie weitere zuerst nur mündliche Traditionen (Mischna), die von den Rabbis gesammelt und fortgeschrieben wurden. Schriftlich fixiert wurden diese Traditionen im Talmud erst ab dem 2. Jahrhundert nach Christus. Zur Zeit Christi waren zwei rabbinische Schulen prägend, die des Hillel und die des Schammai. Beide Rabbis haben wohl im ersten vorchristlichen Jahrhundert gelebt. Hillel interpretierte die Religionsgesetze eher milde, Schammai dagegen strenger.

So erzählt eine talmudische Legende, dass ein Heide sich zum Judentum bekehren wollte – allerdings unter der Voraussetzung, dass ihm die Lehre des Judentums in der Zeit vermittelt würde, in der er auf einem Fuß stehen konnte. Schammai jagte den Heiden davon. Hillel dagegen ließ den Mann auf einem Bein stehen und erklärte ihm, er solle seinen Nächsten lieben wie sich selbst, das sei das Wesentliche.[15]

Ben-Chorin sieht Jesus in der Tradition dieser Schulen, wobei er in mancher Hinsicht mehr an Hillel, in anderer mehr an Schammai erinnert. So hat Jesu Haltung zum Ehebruch und zur Ehescheidung Nähe zu Schammai. Dagegen geht dem Gleichnis vom barmherzigen Samariter ein Dialog zwischen Jesus und einem Pharisäer voraus, der sehr an die eben berichtete Legende von Hillel erinnert:

Lk 10,25 Da stand ein Gesetzeslehrer auf, und um Jesus auf die Probe zu stellen, fragte er ihn: Meister, was muss ich tun, um das ewige Leben zu gewinnen?

15 Schalom Ben-Chorin: Bruder Jesus. Der Nazarener in jüdischer Sicht, dtv/List: München [11]1988, S. 15.

26 Jesus sagte zu ihm: Was steht im Gesetz? Was liest du dort?
27 Er antwortete: *Du sollst den Herrn, deinen Gott, lieben mit ganzem Herzen und ganzer Seele, mit all deiner Kraft* und all deinen Gedanken, und: *Deinen Nächsten sollst du lieben wie dich selbst.*
28 Jesus sagte zu ihm: Du hast richtig geantwortet. Handle danach und du wirst leben.

Ben-Chorin zeigt, dass Jesus nichts lehrt, was nicht auch fromme Juden aus ihrer Tradition kennen. Auch die Bergpredigt ist kein Bruch mit der Tora, sie ist vielmehr eine spezielle Auslegung derselben. Ebenso spiegelt das Vaterunser (Mt 6,9–13) jüdische Gebete wider. Wenn Jesus in Gleichnissen redet, so entspricht dies der damaligen rabbinischen Praxis. Die Rabbis sahen im Gleichnis (hebr. *maschal*) eine Redeform, die den Menschen ein Verständnis der Tora eröffnen kann.

Aus jüdischer Sicht sind aber die Stellen in den Evangelien, in denen Jesu Göttlichkeit oder Messianität zum Vorschein kommt, problematisch. Viele dieser Stellen weist Ben-Chorin – wie auch viele christliche Bibelwissenschaftler – der späteren Gemeindetradition zu.

Jesu Tod deutet Ben-Chorin als einen politischen Mord, der von der römischen Staatsmacht ausgeführt wurde. Auch dieses Schicksal teilt Jesus mit vielen anderen Juden:

Noch einmal blicken wir auf den Juden Jeschua Ben-Joseph aus Nazareth, der verhöhnt und verlassen am Kreuze hängt. [...] Der gemarterte Leib blutet aus zahllosen Wunden. So sehen wir ihn noch einmal, den Juden am Kreuze. Seine Stimme dringt durch die Jahrhunderte: „Was ihr einem der Geringsten meiner Brüder getan, das habt ihr mir getan.“

Schalom Ben-Chorin: Bruder Jesus. Der Nazarener in jüdischer Sicht, Gütersloher Verlagshaus 2005, S. 188.

Zusammenfassung: Jesus, der Jude

Es ist heute theologisch überholt, Jesu Leben und Lehre im Widerspruch zur jüdischen Religion zu deuten. Jesu Lehre spiegelt inhaltlich die Lehren jüdischer Rabbiner wider, seine Gleichnisse gehen formal auf eine rabbinische Lehrform zurück. Im Gegensatz zu den Juden glauben Christen jedoch an Jesus Christus als Sohn Gottes und Messias.

4 Der Film „Jesus von Montreal“

Der Spielfilm des kanadischen Regisseurs Denys Arcand „Jesus von Montreal“ (1989) zeigt eine moderne Form der Auseinandersetzung mit dem Leben und der Verkündigung Jesu.

Der Film handelt von dem Schauspieler Daniel Coulombe, der von einem Priester beauftragt wird, ein Passionsspiel zu inszenieren. Die Handlung des Filmes spielt sich danach auf zwei Ebenen ab. Auf der Ebene der Schauspieler wird gezeigt, wie Daniel eine Truppe um sich schart und das Stück inszeniert. Dieser Handlungsstrang ist parallel zur Geschichte Jesu konstruiert. Darin eingebettet ist die Ebene des Passionsspiels, das im Film ebenfalls gezeigt wird.

Im Laufe des Filmes wird der Schauspieler Daniel zunehmend mit Jesus identifiziert. So wird das in den Evangelien überlieferte Geschehen um Jesus auf die heutige Zeit aktualisiert:

- In der Bibel wird berichtet, dass Jesus seine **Jünger** von der Arbeit weg**beruft** und diese ihm spontan folgen (Mt 4,18–22). Im Film sucht sich Daniel seine Schauspieler und holt sie aus verschiedenen unglücklichen Lebenszusammenhängen: So holt er Constance von ihrer Arbeit in einer Armenküche weg und Martin von der Synchronisation von Pornofilmen. Ähnlich wie die Jünger Jesus folgen, so folgen die Schauspieler Daniel auf seine Einladung und nehmen an einem Projekt teil, dessen Ausgang nicht absehbar ist.
- In der Bibel wird berichtet, dass Jesus sich mit der **führenden religiösen Schicht** auseinandersetzt und es zu **Konflikten** kommt (z. B. Mt 12,9–14). Dieses Motiv zieht sich durch den Film in der Beziehung Daniels zu Pater Leclerc, der den Auftrag zu den Passionsspielen gab. Der Pater unterhält eine heimliche Beziehung zu der Schauspielerin Constance, scheut sich aber davor, die angemessenen Konsequenzen daraus zu ziehen. Gleichzeitig gibt er sich als strenger Hüter der katholischen Glaubenslehre: Als Daniel in seiner Inszenierung nicht dem traditionellen katholischen Jesusbild (s. u.) folgt, versucht der Pater mit allen Mitteln, das Stück abzusetzen. Der Pater will nicht wahrhaben, dass Daniels Inszenierung auf großes Interesse und großen Beifall stößt und den Zuschauern Jesus offensichtlich näher bringt als das traditionelle Stück. Er setzt das Ende der Aufführungen durch und ist damit indirekt für Daniels Unfall bei der letzten, gewaltsam abgebrochenen Aufführung verantwortlich.

- Die **Versuchung Jesu** in der **Wüste** (Mt 4,1–11) wird in dem Film durch die Versuchung Daniels parallelisiert. Ein Karrieremanager will Daniel überreden, mit seiner Inszenierung Geld und Karriere zu machen. Daniel geht nicht darauf ein.
- Die Bibel berichtet, dass Jesus die **Händler** mit Gewalt aus den Vorhallen des **Tempels vertreibt** und ihre Tische umwirft (Mt 21,12 f.). Ähnlich aggressiv reagiert Daniel, als er bei Probeaufnahmen für einen Bierwerbespot mitbekommt, wie der Regisseur seine Schauspielerinnen sexistisch und unwürdig behandelt. Er wirft die Tische und Kameras um und schlägt die Produzentin.
- Auch **Tod** und **Auferstehung** Jesu werden aktualisiert (Mt 27,33–56 und Mt 28). Die letzte Aufführung der Passionsspiele wird durch die Polizei unterbrochen. Es kommt zu einem Handgemenge, bei dem das Kreuz, an dem Daniel hängt, umgeworfen wird. Daniel wird schwer am Kopf verletzt, woran er eine Weile später in einem jüdischen Krankenhaus stirbt. Daniels Organe werden zur Transplantation entnommen. Durch seinen Tod können andere leben – so ist Daniel in gewisser Weise „vom Tode auferstanden“.

Denys Arcand versucht nicht nur, biblische Berichte in die heutige Zeit zu übersetzen, er spricht auch Themen an, bei denen die klassische Kirchenlehre im Widerspruch zum modernen Weltbild steht. Dazu gehört alles, was an Jesu Leben nicht rational erklärbar ist: seine Geburt, seine Wunder, die Auferstehung. Daniels Inszenierung der Passionsspiele versucht, Antworten auf kritische, moderne Fragen an die Jesusüberlieferung zu geben.

- Zur **Jungfrauengeburt** (Mt 1,18) vertritt der Film die These, dass es bewiesen sei, dass Jesus der uneheliche Sohn der Maria und eines römischen Legionärs namens Pantera gewesen sei. Auffällig ist hier, dass wiederum eine besondere, wissenschaftlich nicht haltbare Erklärung für die Herkunft Jesu bemüht wird, statt Joseph als den Vater Jesu anzusehen (Mt 1,16).
- Bei der Interpretation Jesu als **Wundertäter** (z. B. Mt 8,1–4) vertritt der Film die These, dass Jesus ein Magier gewesen sei, der in Ägypten (vgl. Mt 2,13 ff.) ausgebildet wurde. Nach modernem Verständnis basieren die Taten eines Magiers auf Scharlatanerie und Suggestion, lassen sich also rational erklären. Daneben haftet der Vorstellung eines „Magiers“ aber auch noch ein Hauch von Geheimnis an. So scheint Jesu Handeln rational erklärbar und gleichzeitig doch noch ein wenig geheimnisvoll. Historische Belege für eine

solche These gibt es jedoch nicht. Selbst wenn die Notiz in Mt 2,13 ff. über einen Aufenthalt Jesu in Ägypten historisch korrekt sein sollte (was von der modernen Bibelwissenschaft durchgängig bestritten wird), gibt es keine Hinweise darauf, dass Jesus dort eine Ausbildung zum Magier erhalten hat.

- Die **Auferstehung** Jesu (Mt 28) ereignet sich in dem Passionsspiel erst lange nach seinem Tod. Jesus kehrt nicht für alle sichtbar, sondern individuell für Einzelne zurück. Zuerst sind sich die Frauen ganz sicher, Jesus gesehen zu haben, später auch die Männer. Den Zuschauern wird erklärt, was es mit der Auferstehung Jesu auf sich hat: Für seine Anhängerinnen und Anhänger ist der Glaube an die Auferstehung die Hoffnung, die das menschliche Leben erträglich macht. Zentrum des Auferstehungsglaubens ist der Satz, dass die Menschen aufhören sollen, an sich selbst zu denken, und sich stattdessen gegenseitig lieben und helfen sollen.

In dieser Deutung der Auferstehung kommt der Film einer Auffassung innerhalb der protestantischen Theologie sehr nahe. Sie geht davon aus, dass die Auferstehung Jesu historisch nicht zu beweisen ist. Wichtig ist allein die Verkündigung der Urgemeinde vom auferstandenen Christus, ähnlich wie sie in dem Film dargestellt wird. Diese Art der Verkündigung (griech. *Kerygma*) ist mehr als bloßes Weitersagen, in ihr ist Jesus Christus gegenwärtig. Das Kerygma vom Auferstandenen bestimmt und verändert das Leben der Gläubigen.

Auch wenn der Film sich mit den „übersinnlichen" Aspekten Jesu Christi auseinandersetzt, liegt das Hauptgewicht doch auf der Auseinandersetzung mit der ethischen Lehre Jesu. Der Film versucht auf seine Weise, dem Zuschauer die Werte der Bergpredigt nahezubringen: das Eintreten für andere, der Gemeinschaftssinn, die Ehrlichkeit und das Ablehnen von „weltlichen" Werten, die letztendlich auf andere Menschen zerstörerisch wirken.

Zusammenfassung: Der Film „Jesus von Montreal"

Der Film „Jesus von Montreal" bietet eine **moderne Interpretation des Lebens Jesu**. So schildert er die Berufung von Jüngern als ein Wegholen aus bedrückenden Arbeitsverhältnissen, die Versuchung Jesu wird mit den lockenden Angeboten eines Karrieremanagers verglichen, Jesu Auferstehung als ein Weiterleben durch gespendete Organe dargestellt.
Als eine Interpretation des Lebens Jesu gibt der Film einzelne Fakten nicht wissenschaftlich korrekt wieder.

5 Jesusbilder

Über die Jahrhunderte hinweg ist Jesus Christus immer wieder neu dargestellt worden. In Mosaiken, Skulpturen, Bildern, Graffiti und nicht zuletzt Kruzifixen. Jedes dieser Bilder repräsentiert eine Interpretation des Künstlers und ist seiner Zeit verhaftet.

So war ab dem dritten Jahrhundert die Darstellung Jesu als **guter Hirte** oder **Philosoph** beliebt. Mit dem Siegeszug des Christentums in den darauffolgenden Jahrhunderten wird Christus häufig als **siegreicher Kämpfer** oder **Weltenherrscher** abgebildet. Darstellungen des gekreuzigten Jesus sind in der Antike auffällig selten, denn das Kreuz galt als Ort der Schande.

Meister Francke (um 1385 – nach 1436): Christus als Schmerzensmann, um 1425

Diese Einstellung änderte sich erst allmählich. Im Mittelalter, vor allem in der Gotik (13.–14. Jh.), wird Christus als **Leidender** und von Schmerzen Entstellter gezeichnet. Mit dem leidenden Christus konnten sich viele Menschen identifizieren. Sie fanden Trost darin, dass sie durch ihre eigenen Leidenserfahrungen mit Christus verbunden waren.

In der Renaissance herrschte dagegen eine optimistische Aufbruchstimmung. Die Wiederbesinnung auf das Wissen der Antike führte zu einem großen Fortschritt in der Wissenschaft und Kunst. Dementsprechend wird Christus antiken Vorbildern folgend erneut vermehrt als **Heros** (Held) oder **Weltenherrscher** abgebildet.

Roland Peter Litzenburger, „… mich dürstet nach reinem Wasser“, 1974

Der Künstler hat in die Passion Jesu eindringlich das Leid der Tierwelt eingebunden, das durch die Ausbeutung der Erde und die Zerstörung der natürlichen Lebensräume entsteht. Das Leiden und der Tod der Kreaturen wird mit dem gekreuzigten Jesus identifiziert, die „Jesusdarstellung“ nimmt unter diesem Aspekt auch die globale Schuld des Menschen mit in den Blick

Im Zeitalter der Aufklärung ist Jesus **Philosoph** und das 19. Jahrhundert sieht ihn als **romantischen Heiland**, der die Welt segnet. Im 20. Jahrhundert lebt diese Vorstellung vor allem in der katholischen Tradition und im Protestantismus der USA weiter. In Europa aber trat unter der Erfahrung der Weltkriege und der totalitären Systeme das Bild des **leidenden Christus** in den Mittelpunkt. Viele Künstler der Moderne schufen Christusbilder, die von traditionsverhafteten Christen und der Kirche zunächst nicht anerkannt wurden.

Emil **Nolde** (1867–1956) schuf **expressionistische Bilder** von Jesus, z. B. das „Abendmahl" (1909) oder das „Leben Jesu" (9 Bilder 1911/12). Im Expressionismus wird versucht, das Wesentliche eines Gegenstandes zum Ausdruck zu bringen. Dies geschieht jedoch nicht durch detailgetreue Abbildung, sondern im Gegenteil durch Deformation und/oder unkonventionelle Farbwahl. Für die damaligen Betrachter waren solche Bilder ungewöhnlich und oft auch anstößig. Doch wer sich darauf einlässt, kann erkennen, dass Nolde sehr genau christliche Vorstellungen aufgreift.

Noldes „**Abendmahl**" (1909) zeigt Jesus in der Mitte seiner Jünger sitzend; er ist heller gezeichnet als die übrigen. Im Zentrum des Bildes ist der Kelch des Abendmahls, der – von Jesus umfasst – an seiner Brust ruht. Die Augen Jesu sind geschlossen, sein Gesichtsausdruck wirkt gleichzeitig entrückt und angestrengt. In seinem Gesicht spiegeln sich Ergebenheit, aber auch Angst, Abschied, aber auch Aufbruch. Die Gesichter der Jünger sind dagegen eher gelassen. Sie scheinen die Bedeutung des Ereignisses nicht richtig einordnen zu können. Auch wenn Jesus im Mittelpunkt des Bildes steht, steht er nicht im Mittelpunkt der Blicke der Jünger. Vielmehr scheinen sie mit sich selbst beschäftigt, ihr Blick fällt auf den Jünger, dessen Rücken vorne rechts im Bild zu sehen ist. Der Verräter Jesu, Judas, befindet sich im Bild links hinten. Nur sein linkes Auge ist im Profil zu sehen, es ist von Jesus abgewandt und blickt auf den Bildrand.

Im Gegensatz zu vielen anderen Bildern zum Abendmahl bilden die Jünger (ohne Judas) hier keine geschlossene oder harmonische Gruppe. An der Figur des Christus wird deutlich, dass etwas Ungewöhnliches passiert, aber was dies genau ist, entzieht sich dem Wissen des Betrachters. Das Bild ist also eine genaue Interpretation der biblischen Geschichte, die berichtet, dass die Jünger den Tod Jesu – von dem sie zu diesem Zeitpunkt noch nichts wissen, höchstens etwas ahnen – zunächst nicht verstanden und für das Ende seines Wirkens hielten. Es ist daher anzunehmen, dass den Jüngern die Bedeutung des letzten Abendmahles nicht klar war und dass sie diese erst nach Jesu Auferstehung begreifen konnten.

Emil Nolde, Abendmahl, 1909

Im Laufe des 20. Jahrhunderts gab es viele weitere Interpretationen von christlichen Motiven, auch von Künstlern, die nicht religiös waren. Lovis Corinth (1858–1925) malte unter dem Eindruck einer schweren Krankheit Bilder von Jesus, das bekannteste ist wohl der „Rote Christus" (1922), welches das Leiden Christi drastisch hervorhebt. Hier hat das persönliche Leid den Anstoß zur Auseinandersetzung mit christlicher Thematik gegeben.

Auch der nicht religiöse, surrealistische Künstler Salvador Dalí (1904–1989) malte eine Reihe von Bildern mit religiöser Thematik. Der Surrealismus ist eine Richtung der modernen Kunst, die das Unbewusste darstellen will. Dalí interessierte sich für Religion, weil religiöse Symbole als Ausdruck des Unbewussten gesehen werden können. So geht es in seinen Bildern um das, was unser Bewusstsein übersteigt. Sein „**Abendmahl**" (1955) verdeutlicht die Transzendenz (von lat. *transcendere:* hinübersteigen, übersteigen: das was jenseits unserer Erfahrung liegt) dieses Geschehens: In dem Bild verbindet sich der Abendmahlsraum mit weißem Tisch im Vordergrund und großen, an Waben erinnernden Fenstern im Hintergrund mit einem See, der von Bergen umgeben ist. In der Bildmitte scheint Jesus in der Haltung des religiösen Lehrers am Abendmahlstisch zu sitzen, doch ist sein Körper transparent und lässt den im Hintergrund liegenden See mit einem Boot durchscheinen. Es ist nicht klar, ob sich Jesus innerhalb oder außerhalb des Raumes befindet. Jesu rechte Hand ist erhoben und zeigt auf einen männlichen Oberkörper, der wie zum Segen mit ausgebreiteten Armen über dem Bild schwebt. Mit der linken Hand zeigt Jesus auf sich selbst. Im Gegensatz zu Jesus sind die Jünger dicht über den Tisch gebeugt. Dort knien sie im Gebet und blicken nach unten. In ihren Gewändern wirken sie wie Mönche. Vor Jesus steht ein Glas mit Rotwein, das einen überlangen Schatten wirft. Ein Laib Brot, der entzweigebrochen wurde, liegt an der äußeren Kante des Tisches ihm gegenüber.

Dieses Bild ist weniger eine Interpretation biblischer Geschichte als eine Darstellung von Transzendenz. Der See und die Schiffe deuten das Wirken Jesu am See Genezareth und das Wunder vom Seewandel (Mt 14,22–33) an. Das Geschehen am Tisch wirkt geheimnisvoll und übersinnlich, ebenso wie der schwebende Leib darüber. Die Szene könnte auch als Vision der betenden Jünger verstanden werden. Jesus ist anwesend, aber gleichzeitig nicht greifbar. Im Gegensatz zu Nolde vermittelt Jesus hier Gelassenheit und ein Gefühl der Abgeklärtheit.

Salvador Dalí, Das Abendmahl, 1955

Auch wenn Dalí und andere Künstler nicht aus einem persönlichen Glauben heraus malen, sind ihre Bilder für Christinnen und Christen interessant. Durch ihre Bilder lassen sich neue Aspekte christlicher Traditionen erschließen. Manches mag dabei aus christlicher Sicht abzulehnen sein, fruchtbar ist die Auseinandersetzung damit auf jeden Fall. Es ist die Aufgabe christlicher Theologie, die zweitausend Jahre alte Geschichte Jesu Christi immer wieder so zu erzählen, dass sie für die jeweilige Zeit verständlich ist. Künstlerinnen und Künstler machen im Grunde genommen dasselbe, nur dass sie sich – im Gegensatz zu Theologinnen und Theologen – nicht von theologischen, sondern von künstlerischen Maßstäben leiten lassen.

Zusammenfassung: Jesusbilder

Die bildende Kunst interpretiert das Leben und Wirken Jesu für ihre Zeit immer wieder neu.

- So wurde Jesus in der Spätantike häufig als **guter Hirte** oder **Philosoph** dargestellt, später auch als **siegreicher Held**.
- Im Mittelalter wurde er sehr oft **leidend** am **Kreuz** abgebildet, weil sich die Menschen immer mehr mit dem leidenden Christus identifizierten.
- Die Jesusbilder der Renaissance spiegeln die optimistische Aufbruchstimmung wider – als **siegreicher Held** oder **Philosoph**.
- Die Romantik des 19. Jahrhunderts favorisiert ein **romantisches Jesusbild**.
- Ab dem Ende des 19. Jahrhunderts beginnt die Kunst, ungewohnte Wege zu gehen, deren Ergebnisse vielen Menschen zunächst fremd bleiben (Expressionismus, Surrealismus). Dies gilt auch für christliche Kunst. Daneben gibt es ein Interesse nicht christlicher Künstler an der Figur Jesu.

Literatur

1 Allgemein

Eine verständliche und umfassende Einführung in das Thema gibt das Buch von Klaus Berger. Es ist Anliegen des Buches, kein geschlossenes „stromlinienförmiges" Jesusbild zu präsentieren, sondern verschiedene Berichte über Jesus zu beleuchten.
Klaus Berger: Wer war Jesus wirklich? Gütersloher Verlagshaus 1999.

„Schatten des Galiläers" ist ein Roman, der zur Zeit Jesu spielt und dessen Leben und Wirken veranschaulicht. Zwischen den Kapiteln stehen Briefe an einen fiktiven Theologieprofessor, in denen erklärt wird, auf welchen wissenschaftlichen Grundlagen die in der Erzählung aufgestellten Behauptungen stehen.
Gerd Theißen: Der Schatten des Galiläers. Historische Jesusforschung in erzählender Form, Gütersloher Verlagshaus 2004 (Sonderausgabe).

2 Literarisch

Einen rein literarischen Zugang zu Jesus bietet Luise Rinser. Sie schildert die Jesusgeschichte aus der Sicht der Jüngerin Mirjam (Maria von Magdala).
Luise Rinser: Mirjam, Fischer Taschenbuch Verlag: Frankfurt 1987.

Demselben Thema widmet sich der Roman einer schwedischen Schriftstellerin:
Marianne Frederiksson: Maria Magdalena. Fischer: Frankfurt 2007.

3 Verschiedene Jesusbilder (jüdisch, feministisch, esoterisch)

Schalom Ben-Chorins Sicht von Jesus von Nazareth gibt einen beeindruckenden Einblick in den jüdischen Hintergrund Jesu von Nazareth.
Schalom Ben-Chorin: Bruder Jesus. Der Nazarener in jüdischer Sicht, Gütersloher Verlagshaus 2005.

Der jüdische Neutestamentler David Flusser beleuchtet den historischen Jesus aus jüdischer Sicht.
David Flusser: Jesus: Mit Selbstzeugnissen und Bilddokumenten. Rowohlt Taschenbuchverlag 1999.

Interessanter Einblick in die Sichtweisen, die es heute zu Jesus gibt:
Roman Heiligenthal: Der verfälschte Jesus. Eine Kritik moderner Jesusbilder, 3. überarbeitete Auflage, Wissenschaftliche Buchgesellschaft 2006.

4 Historisch

Ein umfassendes Lehrbuch; für die Oberstufe ist es insgesamt sicher zu ausführlich, es lohnt sich aber, zu einzelnen Themen vertiefend nachzulesen.
Gerd Theißen/Annette Merz: Der historische Jesus, Vandenhoeck & Ruprecht: Göttingen ^{3}2001.

Giebels Buch führt in die Welt der Mysterienkulte ein für alle, die sich für die religiösen Strömungen im Umfeld des Christentums interessieren.
Marion Giebel: Das Geheimnis der Mysterien: Antike Kulte in Griechenland, Rom und Ägypten. Patmos: Düsseldorf ^{3}2003.

5 Qumran

Eine ausführliche Beschreibung der Lebenswelt der Qumrangemeinde, die sich auch mit den Thesen zur „Verschlusssache Jesus" auseinander setzt:
Hartmut Stegemann: Die Essener, Qumran, Johannes der Täufer und Jesus. Nachwort von Gert Jeremias. Herder: Freiburg ^{10}2007.

Kürzere Einführung, vor allem in das religiöse Denken, mit vielen Textbeispielen:
Klaus Berger: Qumran. Funde – Texte – Geschichte, Philipp Reclam jun.: Stuttgart 1998.

6 Apokryphen

Die Lutherbibel, die Gute Nachricht und Zürcher Bibel enthalten normalerweise nicht die Apokryphen des Alten Testaments; falls sie abgedruckt sind, wird dies im Titel erwähnt. Die Einheitsübersetzung enthält dagegen immer die alttestamentlichen Apokryphen, weil diese zum offiziellen Textbestand der katholischen Bibel (Kanon) gezählt werden.

Die im Buch erwähnten neutestamentlichen Apokryphen sind nur in gesonderten Büchern erhältlich. Eine wissenschaftliche Einführung – mit etwas reißerischem Titel – in die neutestamentlichen Apokryphen bietet:
Katharina Ceming, Jürgen Werlitz: Die verbotenen Evangelien: Apokryphe Schriften. Piper: München ^{2}2007.

Sammlungen von alt- und neutestamentlichen Apokryphen finden sich bei:
Alfred Schindler (Hg.): Apokryphen zum Alten und Neuen Testament, Manesse Verlag: Zürich 1998 (Manesse Bibliothek der Weltliteratur).

Klaus Berger/Christine Nord: Das Neue Testament und frühchristliche Schriften, Insel Verlag, Frankfurt a. M. 2005

Bibelstellenverzeichnis

Altes Testament

Neues Testament

Stichwortverzeichnis

Bildnachweis

Umschlagbild: Christusikone, © Taiga | Dreamstime.com

(2), (5), (6), (7), (10), (11), (14), (15), (16), (23), (46), (47), (49), (54) © 1986 The Jerusalem Publishing House; © der deutschsprachigen Ausgabe Hänssler Verlag, D-71087 Holzgerlingen;

(19), (33), (53), (56), (64), (66), (69) Die Bibel A–Z. Das große Salzburger Bibellexikon, hrsg. von Matthias Stubhan, Andreas & Andreas Verlag: Salzburg 1985, Bd. Ku–Z, S. 547, 762, 670, 519, 462, 535, 732;

(25) Noli me tangere, Kloster San Marco, Florenz;

(37) Aussätzigenheilung, Evangeliar Ottos III.;

(42) © Archiv Gerstenberg, Wietze;

(52) © Ernst und Hans Barlach GbR Lizenzverwaltung Ratzeburg;

(74) M. C. Escher's „Wasserfall"
© Cordon Art B.V. – Baarn – Holland. All rights reserved;

(76) Kaiser Konstantin I., Foto: H. Nils Loose, Verlag Herder, Freiburg;

(78) © Landschaftsverband Rheinland – Landeshauptstadt Düsseldorf – Medienzentrum Rheinland;

(94) © Museum der bildenden Künste, Leipzig;

(95) © Gretel Kunze, Markdorf;

(97) © Nolde-Stiftung, Seebüll;

(98) © Demart pro Arte B.V./VG Bild-Kunst, Bonn 2000.

Wir danken allen Rechteinhabern für die Abdruckerlaubnis.
Der Verlag war bemüht, die Urheber der abgedruckten Bilder und Texte ausfindig zu machen. Wo dies nicht gelungen ist, bitten wir diese, sich ggf. an den Verlag zu wenden.

Richtig lernen, bessere Noten

7 Tipps wie's geht

1. 15 Minuten geistige Aufwärmzeit Lernforscher haben beobachtet: Das Gehirn braucht ca. eine Viertelstunde, bis es voll leistungsfähig ist. Beginne daher mit den leichteren Aufgaben bzw. denen, die mehr Spaß machen.

2. Ähnliches voneinander trennen Ähnliche Lerninhalte, wie zum Beispiel Vokabeln, sollte man mit genügend zeitlichem Abstand zueinander lernen. Das Gehirn kann Informationen sonst nicht mehr klar trennen und verwechselt sie. Wissenschaftler nennen diese Erscheinung „Ähnlichkeitshemmung".

3. Vorübergehend nicht erreichbar Größter potenzieller Störfaktor beim Lernen: das Smartphone. Es blinkt, vibriert, klingelt – sprich: es braucht Aufmerksamkeit. Wer sich nicht in Versuchung führen lassen möchte, schaltet das Handy beim Lernen einfach aus.

4. Angenehmes mit Nützlichem verbinden Wer englische bzw. amerikanische Serien oder Filme im Original-Ton anschaut, trainiert sein Hörverstehen und erweitert gleichzeitig seinen Wortschatz. Zusatztipp: Englische Untertitel helfen beim Verstehen.

5. In kleinen Portionen lernen Die Konzentrationsfähigkeit des Gehirns ist begrenzt. Kürzere Lerneinheiten von max. 30 Minuten sind ideal. Nach jeder Portion ist eine kleine Verdauungspause sinnvoll.

6. Fortschritte sichtbar machen Ein Lernplan mit mehreren Etappenzielen hilft dabei, Fortschritte und Erfolge auch optisch sichtbar zu machen. Kleine Belohnungen beim Erreichen eines Ziels motivieren zusätzlich.

7. Lernen ist Typsache Die einen lernen eher durch Zuhören, die anderen visuell, motorisch oder kommunikativ. Wer seinen Lerntyp kennt, kann das Lernen daran anpassen und erzielt so bessere Ergebnisse.